직장인 공부법

퇴근 후 1시간,
내일을 바꾸는 일상 공부 습관

# 직장인 공부법

이형재 지음

21세기북스

# 공부 인생 2회차,
# 직장 다니면서 공부해보겠습니다 ✎

200만 원 남짓한 돈을 월급으로 받으며 야근을 밥 먹듯이 했던 그때, 나는 직장 다니면서 공부하기로 결심했다. 그때의 나는 매일 아침 일찍 출근해서 밤늦게 퇴근하기 일쑤였고, 하루는 지시받은 일들을 처리하기에도 너무 짧았다. 입사 후 포부 역시 이미 머릿속을 떠난 지 오래였다. 아무리 열심히 일해도 서울 한 모퉁이의 원룸을 벗어나지 못했으니 경제적 풍요 역시 먼 나라의 이야기였다. 나는 지치고 피곤한 날들을 뿌리치기 위해, 사표를 던지는 단기적 해결책이 아닌 근본적 해결책을 찾기 위해 다시 공부하기로 결심했다.

그렇게 나는 10년 넘게 직장에 다니며 공부하고 있다. 그 결과, 업무를 더 잘 보기 위해 공부했던 미국 공인회계사, 국제재무분석사 시험에 합격했다. 또 미래를 위해 준비했던 공인중개사 시험에도 합격했다. 이때야 비로소 내 삶의 밀도가 높아졌다는 생각이 들었다. 공부를 통해 성취감을 느꼈고, 회사에서의 업무 영역이 넓어져 조직의 인정을 받기 시작했다. 그리고 미래의 선택지가 하나 늘었다.

결국, 직장인의 공부는 초점을 '나'에 맞춰야 한다. 직장인은 공부를 통해 조직에서 인정을 받아 내 목소리를 높일 수도 있고, 나의 뜻을 이룰 수 있는 다른 회사로의 이직 기회도 잡을 수 있다. 아니면 전혀 새로운 일을 기획해볼 수도 있다. 이처럼 공부의 목표가 무엇이 되었든, 그 초점은 반드시 나를 향해야 한다. 내가 오랫동안 공부를 하며 느낀 것은 '외형적인 성공을 위한 공부'와 '나를 행복하게 하는 공부'는 전혀 다르다는 것이다. 직장인은 이제 내가 행복할 수 있는, 나를 위한 공부를 해야 한다. 그리고 기왕이면 적게 공부하자. 직장인에게 공부란 추가 업무처럼 느껴진다. 그 자체가 스트레스인 것이다.

직장인이 공부를 시작할 때 주의해야 할 점이 하나 있다. 절대 초조해하지 말 것! 공부를 결심하고 목표를 세우고 나면, 단기간에 성과를 내고 싶은 조바심이 생기기 쉽다. 그러나 조바심은 끈기를 부수는 최대 위험 요소다. 직장인은 학생도 아니고, 취업준비생도 아니다. 언제까지 반드시 합격해야 한다는 시간 제한도 없고, 치열한 경쟁에서 탈락할까 두려운 마음도 가질 필요가 없다. 더욱이 직장인에게는 '매월 통장에 꼬박꼬박 들어오는 월급'이라는 최고의 장점까지 있다. 당장의 경제적 안정이나 스펙을 위한 자격 조건이 아닌, 온전히 나 자신의 성장을 위한 공부에 매진할 수 있는 신분이 바로 직장인이다. 멀리 보며 느긋하게, 그러나 단호한 발걸음으로 하루 한 발짝씩 나아가자.

내가 직장인으로 10년 이상 공부하며 터득한 방법을 이 책에 모두 담았다. 목표설정은 어떻게 했는지, 일하면서 어떻게 시간을 활용했는지 등 '직장인이 할 수 있는 가장 현실적인 공부법'을 나누고자 한다.

제1장에서는 회사 업무에 시달리다가 어느새 인생의 방향을 잃어버린 사람들에게 다시 공부를 시작해볼 것을 제안한다. 특히 어떻게 하면 내 삶에 도움이 되는 공부를 찾을 수 있을지, 어떤 목표와 인생 계획이 삶을 변화시킬 수 있을지 등에 대해 생각해보기 바란다.

제2장에서는 직장인들이 보다 공부에 쉽게 접근할 수 있는 방법들을 소개한다. 바쁜 직장인은 시간을 어떻게 관리하느냐에 따라 공부의 성과가 달라진다. 바쁜 시간을 어떻게 쪼개며 공부할 것인가, 또 어디서 공부할 것인가에 대해 적었다. 주말 활용법, 퇴근 후 시간을 만드는 방법 등 다양한 노하우를 담았다.

제3장에서는 부담을 줄이고 효율적으로 공부할 수 있는 실질적

인 공부 방법에 대해 적었다. 그간 직장에 다니면서 공부해온 경험을 바탕으로 공부량을 늘리는 방법, 객관식 및 주관식 공부법은 물론, 공부 습관을 만들기 위한 일상생활 관리법을 정리했다. 효율적인 방법을 익히면 한 시간을 공부해도 높은 성과로 이어질 수 있다.

제4장에서는 더 나아가 시험공부를 하는 직장인들을 위해 필요한 전략을 설명한다. 어떻게 하면 적게 공부하면서 가장 쉽게 시험에 합격할 수 있을까 알아본다.

제5장에서는 '공부하는 직장인이 가져야 할 마음가짐'에 대해 설명한다. 직장인이 공부를 하면서 어떤 생각을 가져야 만족도가 높은 방향으로 나아갈 수 있는지 수없이 고민한 것들을 정리했다.

내가 살아온 방법이 완벽한 답은 아니겠지만, 공부하기로 마음먹은 직장인들이 그간 내가 겪은 시행착오와 어리석음을 피해 더 현명하게 공부를 시작했으면 한다. 그리고 그 성과가 여러분의 삶에 즐거운 변화를 만들어줄 것이라 확신한다. 이 책을 통해 다시 한번 공부에 도전하려는 여러분의 성공을 기원한다.

# 목차

## 제1장 다시 공부라는 것을 시작해보자

## 제2장 직장인의 공부, 주말에서 시작된다

# 제5장 공부하는 직장인을 위한 마인드셋

# 제1장

# 다시 공부라는 것을 시작해보자

# 직장인,
# 공부 예열의 3단계

많은 직장인이 이 순간에도 미래를 위해 공부하고 있다. 이직이든 퇴사든 노후 준비든, 이유가 무엇이든 간에 나뿐 아니라 많은 직장인이 큰 비용과 시간을 치르며 공부에 매진하고 있다.

　그렇다면 공부를 해서 성과를 본 직장인은 얼마나 될까? 내 주변을 봐도 영어 학원에 다니다가 얼마 못 가 그만두는 경우는 비일비재하다. 공부하겠다는 결심은 쉽지만, 실제 성과를 얻는 것은 쉽지 않은 일이다. '어떤 공부를 할지', '어떻게 목표를 세울지'에 대한 고민 없이 시작하면 큰 시행착오를 겪기 쉽고 원하는 성과를 달성하기도 어렵다.

나처럼 직장인이 된 후 영어 공부와 자격증 시험에 미친 듯이 몰두하는 한 친구는 이렇게 말한다.

"직장생활을 하면서 내가 소모되는 느낌이 들어. 당장 월급이 필요하니 회사를 그만둘 수는 없고, 앞으로 어떻게 살아야 할지 막막하기만 하고, 그러니 뭐든 공부라도 하지 않으면 견딜 수가 없어."

이 시대 직장인들 가운데 이 말에 공감하지 않을 사람이 있을까. 저성장 불안정 고용의 시대를 살아가는 직장인들은 불안한 마음으로 공부할 거리를 찾는다. 하지만 무턱대고 공부를 시작하면 시행착오를 겪을 수밖에 없다. 목표 없는 공부는 의지까지 빼앗는다.

나도 직장에 다니면서 처음 공부를 시작할 때는 그랬다. 직장에 대한 불만을 전문성을 높여 해결하려고 했다. 국제재무분석사, 국제재무위험관리사 등 어려운 자격증 공부에서부터 워드 1급, 컴퓨터활용능력 1급 등 대학생들의 기본 스펙이 되는 시험까지 많은 시험을 보았고 또 시험에 합격하기 위해 누구보다 열심히 공부했다. 직장생활에서 성취감을 얻지 못하고 소모되는 느낌이 커질수록 무언가에 쫓기듯 자격증을 따고 미친 듯이 공부하는 나 자신을 발견했다. 내 삶에 만족하지 못하니, 거기에서 벗어나고 싶어 무작정 공부에 매달린 것이다.

효율적인 공부법을 알고 있던 터라 응시한 시험에는 모두 합격했지만, 그렇다고 내 삶이 크게 달라지지는 않았다. 무조건 따기 어려운 자격증을 가지고 있다고 당장 돈을 크게 벌 수 있는 것도 아니었고, 자격증을 많이 딴다고 다 쓸 수 있는 것도 아니었다. 공부를 해야 한다는 막연한 불안이 맹목적인 노력과 결과를 낳은 것이다. 만약 그만 한 성과도 없었다면 공부가 오히려 나의 자존감을 낮추었을지도 모를 일이다.

결국 내 삶의 밀도를 높이는 공부를 하기 위해서는 목표 설정이 중요하다는 것을 깨달았다. 그리고 내가 이루고자 하는 목표를 명료하게 설정하기 위해선 지금의 나와 미래의 내 모습을 먼저 생각해봐야 한다.

### 공부 예열의 3단계

'이 공부는 내 삶에 어떤 도움이 될까?' 이 물음에 확실히 답할 수 있을 때 비로소 공부할 의욕이 생긴다. 그리고 현실적이고 달성할 수 있으며 내 삶에 흡수될 수 있는 목표를 세워야 한다. 나에게 필요한 공부는 무엇인가? 이 공부를 왜 해야 하는가? 주변 시선 때문에 이 공부를 선택한 것은 아닌가? 스스로에게 질문해보자.

즐겁게 공부를 해나가기 위해서는 '예열'의 과정이 필요하다. 그저 새벽에 학원을 다닌다고 공부가 잘되고 삶이 즐거워지는 것은 아니기 때문이다. 나에게 도움이 된다는 확신이 있고 효율적인 방법으로 공부해서 성과가 나올 때 우리는 비로소 공부를 즐겁게 이어갈 수 있다. 이를 위한 준비 과정이 바로 '예열'이다. 추운 겨울에는 자동차를 몰기 전에 예열을 해두어야 엔진에 무리가 가지 않는다. 공부도 마찬가지다.

예열은 세 단계로 이루어진다. 먼저 지금의 나를 알아야 한다. 나의 미래란 결국 현재의 내가 노력해서 만드는 것이기 때문이다. 그다음에는 공부할 동력을 만들어야 한다. 직장인에게 퇴근 후나 주말 또는 휴일에 공부하는 것은 상당히 괴로운 일이다. 어쩔 수 없이 한두 달 공부하다 이내 포기하고, 새해가 되면 다시 공부하리라 결심한다. 이런 방식으로는 돈과 시간만 날릴 뿐이다. 노력을 성과로 연결하기 위해서는 임계치라는 장애물을 넘어야 하고, 그러기 위해서는 확실한 동력이 필요하다. 그런데 의욕만 넘쳐서는 목표를 달성할 수 없다. 마지막으로 효율적인 공부 방법을 알아야 한다. 이번 장에서는 예열의 첫 번째와 두 번째 단계, 즉 목표를 세우고 의욕을 충전하는 단계를 함께 해볼 것이다.

**많은 직장인이 공부로 큰 성과를 얻지 못하는 이유는
임계치를 넘지 못해서다**

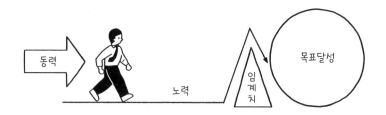

# 진짜 내 것과
# 내 것이 아닌 것을 구분하자 🖋

내가 정말 하고 싶은 것을 어떻게 알 수 있을까? 먼저 '내 것'과 '내 것이 아닌 것'을 구분해보자. 현재 내가 가지고 있는 것을 정확하게 알아야 나의 부족한 점을 알 수 있고, 나아가 내가 하고 싶은 것도 알게 된다. 내 것과 내 것이 아닌 것을 구분하기 위해서는 3가지를 생각해봐야 한다.

### 현재의 위치는 나의 능력이 아니다

현재 맡고 있는 자리(직책)는 내 것이 아니다. 많은 권한을 가지는 자리에 있을수록 직책의 권한이 본인의 능력이라 착각하게 된다. 직책은 단지 업무를 위해 잠시 빌려온 것일 뿐 온전한 내 것이 아니다. 업무가 끝나면 직책도 고스란히 반납해야 한다. 직장인의 현재 모습에는 '조직에서 맡은 위치'와 '나의 모습'이 섞여 있다. '조직에서의 위치'는 상황이 변하면 사라진다. 이는 내 것이 아니다. 나의 자리가 변하거나 이직을 해도 나와 함께 있는 것만이 '내 것'이다.

"내가 누군데… 퇴직했다고 날 이렇게 대접해!"

이런 말, 들어본 적 있지 않은가? '내 것 아닌 것'을 '내 것'으로 착각하는 사람의 반응이다. 잠시 빌려온 지위를 내 것으로 착각하면 자신의 능력을 과대평가하게 된다. 다른 사람들의 과도한 호의가 무엇 때문에 생긴 것인지를 생각해봐야 한다. 잠시 빌려온 그것을 반납하는 순간 사람들의 태도는 돌변한다.

### 조직의 논리는 나의 것이 아니다

하루 대부분의 시간을 직장에서 보내다 보면 조직의 논리에 묻혀 살게 된다. 회사에서 인정받는 것, 승진하는 것, 상사에게 칭찬받는 것과 같은 눈앞의 문제를 처리하는 데 급급하다 보면 미래에 벌어질 문제를 잊고 살기 쉽다.

직장이라는 조직에서 인정받는 것만으로는 우리의 미래를 담보하기 어렵다. 안정적이라고 평가받는 공무원이라는 직업도 마찬가지다. 통계청에 따르면 1970년 기대여명(0세 출생자가 앞으로 생존할 것으로 기대되는 평균 생존 연수)은 평균 62.3세고 당시 공무원의 정년은 65세였다. 하지만 현재 공무원 정년은 60세이고 2016년 기대여명은 평균 82.4세이다. 은퇴를 하고도 20년 이상 살아야 한다는 뜻이다. 정년까지 일한다고 해도 나의 행복을 위해, 또는 좀 더 넉넉한 삶을 위해 은퇴 후 해야 할 일을 찾아야 한다. 공무원이 이 정도니, 회사원이라면 더 일찍 은퇴 이후의 삶에 대해 고민할 필요가 있다. 직장을 다니는 동안 그 조직의 논리에 묻혀 가까운 현실만을 좇다가 그 조직을 떠나게 되었다고 상상해보라. 남은 인생을 어떻게 살아야 할까? 아마 앞으로 무엇을 해야 할지 막막할 것이다. 이런 고민은 조직이 대신해주지 않는다.

내가 속한 조직은 내 것이 아니다. 지위와 마찬가지로 조직도 퇴사하면 끝이다. 내가 살아가면서 맞이할 현실적인 문제들만이 내 것이다.

### 과거의 성공은 과거일 뿐이다

"합격을 축하합니다."

합격의 순간은 매번 짜릿하다. 노력으로 이뤄낸 성과를 눈으로 확인하는 순간이기에. 합격의 순간에는 모두가 나를 치켜세워주고 머릿속은 뭐든지 할 수 있을 거란 생각으로 가득 찬다. 하지만 우리는 매번 새로운 시험 앞에서 완전히 바닥부터 다시 시작해야 한다. 이전의 성공 경험은 과거일 뿐이다.

과거의 성공 경험을 과대평가하면 승진해서 높은 자리에만 가면 일을 잘할 수 있을 것 같고 언제든 좋은 조건으로 이직할 수 있

다고 생각한다. 조직에서 잘만 버티면 은퇴해서는 좋은 삶이 보장
될 것이라는 기대도 품게 된다.

하지만 목표는 목표일 뿐 달성하기 전엔 아직 내 것이 아니
다. 쉽게 합격할 것 같은 시험도 실제로 공부를 해보면 의외로 어
렵게 느껴진다. 과거의 경험에 비추어 이번에도 잘될 것이라는 막
연한 기대는 나의 성장을 저해한다. 무엇인가를 다시 시작하려면
이전의 성공 경험은 잊고 처음부터 다시 시작해야 한다. 자격증 시
험공부를 하는 경우, 이직을 준비하는 경우, 새로운 제2외국어를
공부하는 경우 모두 마찬가지다. 처음 출발하는 지점에서 객관적
으로 나의 실력을 평가해봐야 한다. 성장은 내 것이 무엇인지를 정
확하게 아는 것에서부터 출발한다.

지금 당장 '내가 가지고 있는 것'이 무엇인지 생각해보자. 다음
과 같이 '내 것'과 '내 것이 아닌 것'을 구분해보자. 그러면 현재 나
의 상황을 파악하는 데 도움이 될 것이다.

| 내 것 | 내 것이 아닌 것 |
| --- | --- |
| 업무 경험과 경력 | 현재의 조직 내 위치(사무관) |
| 스스로 공부해서 배운 것 | 업무로 조직에 기여한 것(보고서, 실적) |
| 내가 딴 자격증(공인중개사 등) | 승진시험 합격(조직을 떠나면 사라짐) |
| 나를 지지해주는 사람(가족, 동료 등) | 업무로 만난 사람(거래처 직원) |

# 성공하는 목표를 세우는
# 가장 효과적인 방법

내 것이 무엇인지 알았으면 이젠 내가 원하는 바를 알아야 한다.
그래야 앞으로 해야 할 일들을 찾을 수 있다. 노력의 방향은 여기
에 달려 있다. 지금부터 내가 원하는 것을 찾아보자. 먼저 지금의
나와 목표 사이의 괴리를 파악하고, 그 괴리를 줄이기 위해 앞으로
해야 할 일을 알아보자. 그리고 과거의 내 모습을 분석해서 미래를
위한 거름으로 만들어보자.

## 현재와 목표 사이의 괴리를 없애라

내가 원하는 삶과 현재의 모습 사이에는 언제나 괴리가 있다. 이
괴리를 없애려면 어떻게 해야 할까? 우선 내가 원하는 삶과 현재
하고 있는 일을 적어보자. 내가 원하는 나의 모습이 현재의 조직에

서 높은 자리에 오르는 것인지, 사회에 기여할 수 있는 일을 하는 것인지, 아니면 가정에 좀 더 충실하거나 나의 시간을 즐길 수 있는 삶인지 생각해보자. 내가 원하는 나의 모습을 알아야 노력의 방향을 정할 수 있다.

목표와 현재 내 모습 사이의 괴리를 안은 채 지내다 보면 순식간에 1년이 흐르고 5년, 10년이 흐른다. 흘러간 세월만큼 괴리는 커져가고 결국 자신에게 실망하게 된다. 그 괴리를 없애기 위해서는 목표와 현실 사이에 어떤 괴리가 있는지 직시해야 한다. 내가 원하는 모습과 내가 현재 하고 있는 일을 적어보자. 그래야 목표와 현실의 괴리를 눈으로 확인할 수 있다.

### 원인은 과거에서 찾아라

내가 원하는 모습과 그것을 위해 현재 하고 있는 것들을 생각해봤다. 어떤가? 지금 충분히 잘하고 있다고 느낄 수도 있고 많이 부족하다고 느낄 수도 있다. 현재의 내가 부족하다면 왜 그런가? 그 원인을 과거에서 찾을 수 있지 않을까?

과거, 나는 영어 공부를 싫어했다. 그래서 가급적이면 영어 공부는 최대한 줄여 시험 점수만 잘 받는 방식으로 공부했다. 지금 내 영어 실력이 내 기대에 못 미치는 것은 그런 과거의 잘못 때문이다. 그런데 직장생활을 하면서 외국인과 회의를 하거나 연락할 일이 생기자 '영어를 더 잘했더라면 좋았을 걸' 하는 생각이 들었다.

영어의 필요성이 절실히 다가오는 순간이었다. 그리고 이는 영어 공부의 목표를 세우는 계기가 되었다. 미국 공인회계사 등 미국 자격증을 여러 개 취득할 수 있었던 것도 영어에 대한 정확한 목표가 있었기 때문이다. 이처럼 과거의 후회를 돌이켜보고 원인을 찾는 과정을 통해 현재 내 모습의 원인을 찾을 수 있다. 후회되는 일이 있는가? 그렇다면 왜 그렇게 행동했는지 적어보자. 이것이 미래에 어떤 모습이 되고 싶은지를 알기 위한 기초가 될 것이다.

누구나 후회를 하며 산다. 그런데 그 후회를 짐으로 생각하면 앞으로 나가기가 너무 힘들다. 현재 부족한 내 모습을 과거에 대한 후회에 가두기보다는 더 나은 미래를 위한 노력의 밑거름으로 만들자. 목표 설정은 '후회하는 내 모습을 긍정하는 것'에서부터 시작된다고 생각한다.

### 앞으로 해야 할 일을 정리하라

앞서 내가 원하는 나의 모습과 현재 하고 있는 일을 적어봤다. 또 내가 원하는 모습에 도달하지 못한 원인을 과거에서 찾아봤다. 현상과 원인을 파악했으니 앞으로 해야 할 일들이 떠오를 것이다. 그것을 다음과 같이 적어보자.

## 자신만의 목표를 향한 구체적인 실천 방안

| 내가 원하는 모습 | 실천 방안 | 실천 여부 |
|---|---|---|
| 친절하고 공정한 업무처리 | 청탁 안 받기<br>선물 안 받기 | O |
| 업무 관련 지식 공부 | 대법원 최신 판례 확인 | O<br>(매월) |
| 여러 분야의 책 읽기 | 인문<br>자기계발 | O<br>(1년에 10권) |
| 영어 공부하기 | 토플시험 준비 | X<br>(당장) |
| 꾸준히 운동하기 | 일주일에 3회 피트니스 | O<br>(주3회) |
| 피부 관리 | 1일 1마스크팩 | X<br>(당장) |
| 여행 | 미정 | 왜 여행하고 싶은가? |

내가 원하는 모습 중에는 '보람된 일을 하는 사람'이라는 것이 있다. 앞으로 보람된 일을 하는 나의 모습을 달성하려면 어떻게 해야할까? 친절하고 공정하게 업무를 처리하기, 업무 관련 지식 공부하기 등이 방법이 될 수 있을 것이다. 해당 방법을 지금도 실천하고있다면 '실천 중', (현재는 등한시하고 있지만)당장 할 수 있는 일이라면 '당장'이라고 적고 시간이 더 필요한 일들은 개괄적인 목표를 함께

적어보자. 예를 들어 영어 공부를 목표로 했다면 얼마의 기간 동안 어느 정도 책을 보고 실력을 올릴지를 목표로 정한다. 토익, 토플, 텝스와 같이 공인 영어 시험 점수를 목표로 해도 좋다.

만약 앞으로 무엇을 해야 할지 고민이 된다면 그 자리를 비워두고 '내가 그것을 왜 하고 싶은지'부터 다시 한번 천천히 생각해보자. 중요한 것은 이런 식으로 앞으로 해야 할 일들을 정리해서 계획을 세워 실천하는 것이다.

### 나를 움직이는 목표 설정의 비밀

하버드 대학에서 목표가 인생에 미치는 영향에 대해 실험을 했다. 지식수준, 학력, 생활환경 등의 조건이 비슷한 청년들의 목표를 묻고 25년 후 그들의 사회적 지위를 조사했다. 그 결과, 그들 중 목표가 없었던 27퍼센트는 하층민이 되어 있었다. 목표가 있긴 하지만 불분명했던 60퍼센트는 대부분 중하층이었으며, 분명하지만 단기적 목표를 가졌던 10퍼센트는 변호사, 의사 등 각계각층의 전문가가 되어 있었다. 분명하면서도 장기적인 목표를 세운 사람은 단 3퍼센트였는데 그들은 자수성가하거나 사회적 영향력이 강한 인물이 되어 있었다.

목표가 없는 노력은 없다. 무엇을 하는 데는 모두 저마다의 이유가 있다. 그러나 그 목표에 '나의 생각이 얼마나 들어가 있느냐'에 따라 노력의 농도가 달라진다. 나의 생각이 많이 함유된 목표가 나를 움직인다.

이번 여름휴가에 해외여행을 계획하고 있다고 해보자. 혹시나 휴가 일정에 문제가 생길까 두려워 최대한 일을 빨리 끝내려고 노력한다. 휴가지에서 회사 전화를 받지 않기 위해 해둬야 할 일들을 꼼꼼하게 끝낸다. 집중하며 일하는 것은 힘들지만, 휴가 날(목표)에 가까워질수록 기쁘다. 한편 회사의 연매출 달성을 위해 업무를 볼 때는 어떨까? 아마 일에 임하는 자세부터 다를 것이다. 내 여행계획을 위해 일할 때처럼 적극적이지는 않을 것이다. 같은 일을 하더라도 목표의 자율성에 따라 마음가짐이 달라진다. 이렇듯 우리는 나의 의지가 반영된 목표를 달성할 때 효율이 높아진다.

## 목표 설정의 3가지 장점

첫째, 공부가 나를 위한 것이라는 생각이 든다. 직장인만큼 공부하기 싫은 사람이 또 있을까? 지금까지 얼마나 많은 공부를 했는데 직장인이 되어 또 하려고 하니 영 내키지가 않는다. 그럼에도 불구하고 승진시험을 앞두면 꾸역꾸역 공부를 하게 된다. 승진은 해야하니 시험공부를 하게 되는 것이다.이렇듯 공부가 나의 삶에 도움이 된다는 직관적인 연결고리가 생겨야 공부하게 된다. 구체적인 목표야말로 그 연결고리를 만드는 핵심이다.

둘째, 공부하는 과정을 즐길 수 있다. 우린 공부하기 위해 이 인생을 살고 있는 게 아니다. 그러니 필요한 공부만 하고 나머지는 과감히 버려야 한다. 내가 정한 목표에 부합하는 것들만이 필요한 공부다. 필요한 공부만 하면 내가 원했던 모습에 가까워짐을 느낄 수 있다. 즉, 공부하는 과정을 즐길 수 있다. 이는 마치 여행 가는 날이 가까워지고 있다는 사실만으로도 즐거운 것과 같다. 이렇듯 공부를 대하는 마음가짐을 조금만 바꾸면 그 과정을 즐길 수 있다.

셋째, 필요한 공부가 무엇인지 알 수 있다. 전체적인 방향도 모른 채 해야 할 일을 정할 수는 없다. 목표를 세웠을 때 비로소 필요한 공부가 무엇인지 뚜렷해진다.

# 공부 선택의
# 3가지 원칙 🖊

우린 앞서 목표를 세우며 삶의 방향을 잡고 공부하기로 결심했다. 그런데 그 순간부터 새로운 고민이 시작된다. '무슨 공부를 해야 할까?', '어떤 자격증을 따야 하지?', '시험을 본다면 어떤 선택과목 으로 공부해야 유리할까?' 선택 뒤에는 또 다른 선택이 나의 결정 을 기다린다. 나도 공부를 하며 수많은 선택지를 마주했고 고민에 고민을 거듭하며 선택을 했다. 그런 경험을 통해 내가 얻은 교훈을 여기에 공유하고자 한다.

## 선택에 정답은 없다

내가 어떤 결정을 하든 그게 좋은 선택인지 아닌지는 그 누구도 알 수 없다. 다른 결정을 했다면 어떤 결과가 나왔을지는 아무도 알 수 없다. 시간이 지나도 과거의 선택이 최선이었는지는 확신하기 어렵다. 단지 선택에 따른 결과를 가지고 좋은 선택이었는지 유추할 뿐이다.

많은 후배들이 나에게 진로 관련 질문을 한다. 사실 조언을 해주는 입장에서도 무엇이 최선인지 모른다. 선택을 하는 데 고려해야 할 요소를 모두 챙기며 고민하고 있는지 옆에서 도와주는 역할만 할 뿐이다. 한번은 대학 후배 한 명이 행정고시에 도전할지 말지 고민이라며 나에게 상담을 청했다. 그는 자기가 행정고시에 도전하면 합격할 수 있을지, 만약 합격하면 뭐가 좋은지를 나에게 물었다. 하지만 애석하게도 나는 어느 질문에도 명확한 답을 줄 수 없었다.

내가 어찌 합격을 확신할 수 있겠는가. 내가 해줄 수 있는 것은 그저 열심히 해보라는 말밖에 없다. 행정고시에 합격한 후의 일도 그렇다. 같은 시험에 합격해도 사람마다 진로가 다르고 만족을 느끼는 부분도 다르다. 그러니 내가 뭐가 좋다고 일반화해서 말하기는 어렵다. 내가 말할 수 있는 건 사실뿐이다. 공무원의 급여나 하루 일과, 실제로 하는 일 정도는 개괄적으로 알려줄 수 있다. 또 후배가 공무원이라는 직업과 고시 공부에 대해 오해하고 있는 사실이 있다면 알려줄 수는 있다. 하지만 이런 상담도 그가 결정을 내리는 것을 조금 거들 뿐 결국 선택은 자신이 해야 한다. 선택의 결과와 책임은 모두 나에게 돌아오기 때문이다. 그래서 남에게 묻기 전에 내가 무엇을 하고 싶은지 스스로에게 질문해봐야 한다.

공부를 시작할 때 가장 고민이 되는 것이 있다. 하고 싶은 것을 선택할 것인가, 아니면 현실적으로 성과를 낼 수 있는 것을 선택할 것인가. 자격증 시험을 준비하더라도 재취업에 도움이 되는 자격증을 딸지, 아니면 그저 내가 하고 싶은 자격증을 딸지 고민이 된다.

이때 필요한 것은 내가 중요시하는 가치가 무엇인가를 따져보는 것이다. 가치판단은 상대적이다. 내가 하고 싶은 것을 하는 것에 더 가치를 두는지, 아니면 현실적으로 도움이 되는 것에 가치를 두는지는 지극히 주관적이다. 나의 경우에는 전문성을 높이는 게 무엇보다 중요했다. 그래서 조세심판원의 길을 선택했고, 회계와 부동산 관련 자격증도 땄다.

내가 중요시하는 가치를 모르고, 목표가 없는 사람은 주변 사람들의 의견에 흔들리기 쉽다. 결정 장애의 늪에서 빠져나오려면 자신이 중요하게 생각하는 가치를 정확히 알고 판단해야 한다. 이때 스스로 후회 없는 선택을 하려면 다음 2가지를 고려해보기 바란다.

첫째, 실현 가능성을 따져봐라. 자신이 하고 싶은 것을 하라는 조언을 듣고 현실적으로 잘해낼 수도 없는 것을 선택하는 사람이 있다. 결정을 할 때 실현 가능성은 가장 중요한 요소다. 직장인이 공인회계사 시험을 준비하기로 결정했다면 실현 가능성이 얼마나 될까? 아마 대부분 몇 과목 공부하다가 힘들어서 그만둘 것이다. 내가 미국 회계사를 공부한 것도 실현 가능성 때문이다. 그나마 미국 회계사 시험이 우리나라 공인회계사 시험보다 해야 할 공부 양이 적다. 좋아하는 것을 하는 것에 더 가치를 둔다고 해서 현실적인 제약 조건을 고려하지 않을 수는 없다. 그렇게 한다면 실패의 악순환을 겪게 될 수도 있기 때문이다.

둘째, 특별히 하고 싶은 게 없다면 사람들이 많이 선택하는 것을 택하자. 예를 들어 시험에서 선택과목이 있다면 사람들이 많이 선택하는 과목을 택한다. 사람들이 많이 선택하는 만큼 공부를 도와줄 자료가 많다. 또 많은 사람이 선택한 과목은 어렵게 출제될 경우 영향을 받는 사람도 많기 때문에 내가 떨어질 위험이 줄어든다.

많은 사람이 선택하는 데는 다 이유가 있을 것이다. 내 삶에 크게 중요하지 않고 특별한 선호가 없다면 사람들이 많이 하는 것을 따르는 것이 안전하다.

### 사람들은 주로 하지 않은 것에 후회한다

해보고 후회하는 것과 해보지 않고 후회하는 것 둘 중 어떤 경우가 더 후회스러울까? 마음에 드는 사람이 있다고 가정해보자. 그런 경우 이성에게 마음에 든다고 말을 했다가 거절을 당하면 '아, 괜히 말했다' 싶은 후회의 순간이 올 수 있다. 반면 고백은 시도도 못 하고 '아, 말이라도 해볼걸' 하고 두고두고 후회할 수도 있다. 둘 중 어떤 경우에 후회가 더 클까?

닐 로즈 교수의 『IF의 심리학』을 보면 '한 행동에 대한 후회'와

'하지 않은 행동에 대한 후회'를 비교 분석한 결과가 나온다. 인생을 총체적으로 돌아보면 사람들은 사랑을 고백하지 않은 것, 직업을 바꾸지 않은 것, 친구를 챙기지 못한 것 등 하지 않은 일 때문에 더 괴로워했다고 한다. 우리 주변에도 이런 경우가 많을 것이다. 대학에 진학할 때 하고 싶은 것보다는 수능 점수에 맞춰 전혀 다른 전공을 택한다. 그리고 이후 직장인이 되어 '그때 하고 싶은 걸 택했더라면 지금 어떤 인생을 살고 있을까' 하는 생각을 한다.

어차피 후회하는 거, 해보고 후회하는 게 낫지 않을까? 그래서 나는 누군가에게 조언을 하게 되면 일단 하고 싶은 것이 있으면 해보라고 말한다. 내가 하고 싶은 일을 해봤다는 사실만으로도 주체적으로 살고 있다고 느낄 수 있기 때문이다.

### 선택에 따른 실패는 없다

내가 하고 싶은 것을 선택했다고 반드시 성공하리라는 보장은 없다. '하고 싶은 걸 선택했는데 성과를 내지 못하면 어떡하지? 그때 생기는 좌절감을 감당할 수 있을까?'

나는 대학 입시에서 서울대학교와 연세대학교에 지원했다. 사실 나는 두 곳의 커트라인보다 낮은 수능 점수를 받아서 논술이나 내신 성적으로 모자란 점수를 메꿔야 입학이 가능한 상황이었다. 결국 논술과 면접을 상대적으로 잘 본 서울대에 합격하고 연세대에는 불합격했다.

사람 간에 인연이 있듯 내가 이루고자 하는 그 무엇과도 인연이란 것이 있다고 믿는다. 물론 노력으로 더 가까이 갈 수 있다. 나 역시 열심히 공부해서 내가 원하는 대학에 합격할 가능성을 높였다. 하지만 선택을 한 뒤에는 내 손을 떠난 것이다. 합격한 곳은 나와 인연이 닿은 것이고, 불합격한 곳은 인연이 아니라고 생각할 수밖에 없다.

선택에는 실패가 없다. 최선을 다해 노력하고 계획을 세우고, 여러 고민을 거쳐 나름 합리적으로 결정했다면 실패한 결정은 없다. 당신의 결정이 잘못된 것이 아니라 인연이 아니었을 뿐이다. 더 이상 좌절하지 말자.

### 주어진 기회를 활용해 빠른 결정을 내려라

대학 때 친구들을 보면 이걸 할까, 저걸 할까 고민하며 시간만 보내다가 결국 어떤 시험에도 합격하지 못하는 경우가 많았다. 몇 년에 걸쳐 이곳저곳을 기웃거리며 어중간하게 공부하고 시험을 보다가 불합격하는 일이 반복된다. 그러다 보면 선택할 수 있는 기회와 선택지는 점점 줄어든다.

하나를 선택하면 다른 것은 선택하지 못할 거라고 생각하는가? 그렇지 않다. 신중하게 선택하는 것은 좋지만 선택은 평생 하나만 할 수 있는 게 아니다. 그러니 현재 내 상황을 둘러보고 활용할 수 있는 기회를 찾아보자. 한 친구는 통계학과로 입학했지만 복수 전공이라는 기회를 활용해 경제학을 공부하고 공인회계사가 되었다. 그는 회계 법인에 다니다가 또다시 변호사 자격증을 따서 현재는 변호사로 활동하고 있다. 나 또한 행정고시라는 기회를 잡았다. 비교적 빠른 시기에 행정고시에 합격하고 나니 다른 공부를 할 시간적, 경제적 여유가 생겼다.

하나의 기회를 빨리 잡으면 또 다른 기회가 주어진다. 그리고 일단 결정을 했으면 뒤돌아보지 말고 최선을 다하는 것이 좋다. 그것이 새로운 기회를 만드는 방법이다.

### 공부 선택의 3가지 원칙

1. 정확한 가치판단을 우선하라.
2. 기회가 오면 잡아라.
3. 도전하고 후회하라.

# 공부에도
# 미니멀리즘이 필요하다

공부에도 미니멀리즘이 필요하다. 공부라고 해서 무조건 많이 한다고 좋은 건 아니다. 단순히 말하면, 나에게 필요한 공부만 하면 된다. 그리고 내 삶에 필요한 생각만 하면 된다. 그러기 위해서는 먼저 생각을 정리해야 한다.

## 내가 원하는 것을 고민하라

우리는 유치원-초등학교-중학교-고등학교-대학교-취직 준비 등의 과정을 거치며 수십 년간 공부한다. 그렇게 공부해서 대학에 가고 힘들게 취업까지 했지만 여전히 '자기계발의 꼬리표'가 붙는 것이 현실이다. 나 또한 예외는 아니었다.

왜 우리는 '자기계발이라는 늪'에서 빠져나올 수 없을까? 애초에 목표가 잘못되었기 때문이다. 사회는 너무 높은 목표를 제시하며 우리의 부족한 부분에 초점을 맞추어 자기계발을 독려한다. 더 풍족하게 사는 사람, 더 지위가 높은 사람, 더 똑똑한 사람을 '성공한 사람'으로 간주하며 더 높은 삶을 강요한다. 목표를 계속 높이며 부족한 점을 강조하다 보면 평생 쫓기듯 자기계발에 몰두할 수밖에 없다. 평생 부족하고 '계발되어야 하는 존재'가 되는 것이다.

자기계발의 늪에서 빠져나오기란 쉽지 않다. 흔히 말하는 '엄마친구의 아들과 딸들'은 평생 나를 따라 다니며 괴롭힐 기세다. SNS에는 또 왜 이렇게 잘나고 멋진 사람이 많은지, '평생 열심히 공부했는데 나에게는 왜 저런 화려한 순간이 오지 않을까' 하는 생각이 들 때도 있다. 그러나 끊임없이 남과 비교하고 무조건 더 큰 성공을 목표로 하는 한 자기계발의 늪에서 빠져나오기 어렵다. 그러니 남이 아니라 내가 원하는 것이 무엇인지를 먼저 생각해봐야 한다. 그러면 무엇을 계발해야 할지가 보인다.

### 뭐든 해야 한다는 강박관념에서 벗어나라

하나의 목표를 달성하면 다시 새로운 목표가 우리를 기다린다. 학창 시절 반에서 1등을 하면 다시 전교 1등이라는 목표를 세우게 되듯이 목표를 계속 따라가는 삶을 살다 보면 '무엇인가 하지 않으면 뒤처지게 된다'는 불안감에 나도 모르게 생기고 공부를 통해 불안감을 해소하고자 한다.

이런 강박에서 벗어나려면, 내가 원하는 것이 무엇인지를 찾는 과정에서 어느 정도의 공부를 할지 선을 정하는 노력이 필요하다. 나도 여러 개의 자격증을 땄지만 어차피 많은 자격증을 딴다고 다 쓸 수 있는 것도 아니다. 특히 뭐든 해야 한다는 강박관념 때문에 공부한다면 스스로를 더 괴롭게 만들 뿐이다.

### 지금의 소중한 가치를 잃는 공부는 버려라

공부를 하는 과정에서 오히려 중요한 가치를 놓치는 경우도 많다. 예를 들어보자. 결혼한 직장인 A는 석사 학위를 받기 위해 대학원에 다니기로 결심한다. 그런데 야간에 대학원을 다니다 보니 업무에 대한 집중력이 떨어져서 실수가 많아졌다. 대학원에 가야 하는 날 업무가 밀리면 같은 팀 동료에서 일을 맡기게 됐다. 그러다 보니 점점 직장 내 평판도 나빠지고, 가정에 소홀하다고 배우자와 아이가 섭섭해하기 시작했다.

이런 경우, 대학원을 다니는 것도 좋은 일이지만 석사 학위가 직장과 가정보다 중요한 가치인지에 대한 고민이 필요하다. 이처럼 공부로 인해 지금 가지고 있는 중요한 가치를 놓치는 경우가 종종 있다. 정말 소중한 가치를 지키지 못하는 공부라면 과감히 버릴 줄도 알아야 한다.

현재와 미래를 구분하라

효율적으로 공부하기 위해서는 '지금 당장 해야 하는 것'과 '미래에 필요한 것'을 구분해야 한다. 승진시험과 같이 '당장 해야 하는 것'은 가장 빨리 달성할 수 있는 방법을 고민해야 한다. 반면 '미래에 필요한 것'은 조금씩 꾸준히 공부하는 것이 좋다. 예를 들어 영어실력 향상을 목표로 정했다면 출퇴근 시간에 매일 조금씩 공부하며 실력을 쌓는 노력이 필요하다. 지금 당장 필요하지도 않고 미래에도 도움이 될 것 같지 않은 것들은 모두 버려라. 그러한 것들은 그저 '남들이 공부해두면 좋다고 한 것'이거나 '막연히 하면 좋지 않을까?' 하고 생각한 것일 가능성이 높다.

# 직장인,
# 지금 당장 공부하라

일을 하면 할수록 공부의 필요성을 절실하게 느끼게 된다. 행복한 노후를 위해, 또 지긋지긋한 직장에서 탈출하기 위해서는 공부가 필요하기 때문이다. 그런데 아이러니하게도 공부할 필요성이 커질수록 공부하기는 점점 더 어려워진다.

미국 공인회계사 시험을 준비하는 내 지인은 "이건 결혼한 사람이 할 짓이 못되는 것 같아"라고 말했다. 신경 써야 할 일도, 해야 할 일도 많아 공부에 전념하기 힘들다는 것이다. 인생 단계가 높아질수록 배우는 내용은 복잡해지고 공부 여건은 열악해진다. 나이가 들수록 공부를 방해하는 요소가 점점 더 많아지기 때문이다.

나이가 들수록 장애물은 높아진다

더군다나 직장인은 일상이 너무 바쁘고 당장 공부가 급한 것이 아니다 보니 생각만 하고 공부를 미루는 경우가 많다. 지금 공부를 하지 않는다고 생활이 불편해지는 건 아니지만 일단 하기로 결심했다면, 그리고 목표에 부합하는 것이라면 하루라도 빨리 시작하는 것이 좋다. 왜 지금 당장 공부를 시작해야 하는지 조금 더 상세히 알아보자.

### 시험은 점점 더 어려워진다

이것이 일찍 공부를 시작해야 하는 가장 중요한 이유다. 많은 사람이 합격하고 싶어 하는 시험은 점점 어려워진다. 경쟁률이 높은 시험은 변별력을 위해 문제를 그만큼 어렵게 출제하기 때문이다. 문제를 어렵게 내기 위해 매우 지엽적인 내용을 묻거나 새로운 분야의 내용을 출제하기도 한다. 그러면 학원에서는 새로운 문제에 대비하도록 더 많은 내용을 가르친다. 그러면 또 시험은 변별력을 높이기 위해 더 어렵게 출제된다. 이런 몇 번의 과정을 거치면 시험 문제의 난도는 급격하게 상승한다.

실제 최근 10년 동안 공무원 시험, 공인회계사 등 전문자격증 시험의 체감 공부량은 2~3배 이상 늘었다. 국제재무분석사, 미국 공인회계사 등의 외국 자격증 시험도 상황은 비슷하다. 응시자들이 많아지면서 시험 범위를 넓히고 있고 난이도도 상승하는 추세다. 결국 하루라도 빨리 공부해서 시험에 합격하고 시험의 세계를 떠나는 사람이 승리다.

### 공부보다 어려운 사회생활

"공부가 가장 쉬웠어요"라는 말이 있다. 이는 고등학교를 졸업한 후 LPG 가스통 배달부, 택시 기사 등의 일을 하며 공부를 한 끝에 서울대학교 법학과에 수석으로 입학한 장승수 변호사가 1996년에 발간한 책 제목이다. 나는 공부가 쉽다고 생각하지는 않지만, 직장생활은 공부보다 더 복잡하고 어려운 것 같다. 공부는 합격이라는 하나의 목표를 향해 노력하지만 직장생활은 잘 보여야 하는 사람도 많고 때로는 운이 필요하기도 하며 내 맘대로 되는 것도 별로 없다. 그러므로 직장을 다니며 '실력이라는 갑옷'을 단단하게 만들 필요가 있다. 요즘은 실력이 있어야 한다. '부모님이 도와주면 어떻게 취직은 되겠지', '아는 대학 선배가 잘되면 좋은 자리에 갈 수 있을 거야'와 같은 안이한 생각을 하는 이들에겐 반드시 한계가 온다. 운과 배경에는 반드시 한계가 있다. 운과 배경으로 취직하거나 승진하더라도 실력 없는 당신을 믿고 존중하는 상사나 부하는 없다.

나는 학창 시절부터 지금까지 한 번도 책을 손에서 놓지 않고 살았다. 누구보다 열심히 공부했다. 내가 잘한 일은 시간 여유가 생길 때마다 뭔가 공부하기 시작한 것이라고 생각한다. 지금 시작해야 한다. 직장인은 언제나 공부할 수 있는 것은 아니라는 사실을 명심하자.

### 공부 2회차, 의욕을 충전하는 4가지 팁 ✎

1. 주변의 실력 있는 선배와 동료를 살펴라.
2. 공부는 단계적으로 시작하라.
3. 관심 분야부터 공략해 공부에 의욕과 흥미를 붙여라.
4. 일상에서 쓸모없는 행동은 버려라.

# 직장인이 공부에
# 실패하는 4가지 이유

많은 직장인이 경쟁력을 키우기 위해 자기계발에 매진한다. 이른바 '샐러던트(Saladent, 공부하는 직장인)'의 시대다. 수많은 직장인이 의지를 가지고 공부를 시작하지만 성공하는 경우는 많지 않다. 왜 그럴까?

## 우선순위 설정에 실패한다

직장인은 공부할 시간이 부족하다. 어느 정도의 사회 활동과 여가생활을 포기하지 않고 공부할 시간을 확보한다는 것은 현실적으로 불가능하다. 공부를 하는 기간에는 우선순위가 낮은 활동은 포기해야 한다. 예를 들어 공부 시간을 확보하려면 직장 동료나 집안의 경조사도 챙길 범위를 정해야 한다.

그런데 의외로 직장인은 공부를 할 때 우선순위에 따라 행동을 바꾸지 않는다. 아무런 희생 없이 단순하게 '어떻게든 공부하면 되겠지'라고 생각하는 것은 실패로 가는 지름길이다. 사회생활과 공부, 두 마리 토끼 모두 놓치게 될지도 모른다.

### 오르지 못할 나무에 도전한다

당연한 말이지만 합격할 수 있는 시험을 준비해야 한다. 공부해야 할 것이 너무 많은 시험을 준비하면 열심히 하더라도 합격이라는 성과를 얻지 못한다. 직장인이 고시공부를 하면 아무리 열심히 해도 합격할 가능성은 희박할 것이다.

'내가 ○○대학을 졸업하고 ○○회사까지 들어갔는데, 이 정도 시험은 붙겠지?'라고 생각하며 자신이 공부에 할애할 수 있는 시간은 고려하지 않은 채 높은 목표를 설정하기도 한다. 이렇게 목표를 정하면 실패할 가능성이 높다. 나는 장교로 복무할 때 동기 여럿이 시험을 준비하는 것을 봤다. 하루 종일 공부만 해도 합격하기 어려운 시험을 준비한 동기들은 모두 탈락했고 나와 노무사 시험을 준비한 동기만 시험에 합격했다.

이처럼 직장인이 공부를 하고자 한다면 현실의 제약조건을 명확하게 인식하고 시작해야 한다. 가용할 수 있는 시간이 어느 정도인지 계산해본 뒤 준비하고자 하는 시험공부에 필요한 시간은 어느 정도인지 가늠해봐야 한다. 업무량, 출·퇴근시간, 주말근무 여부 등을 고려해 공부에 쓸 수 있는 시간을 계산해본다. 그 후 합격에 필요한 공부 시간을 인터넷 카페의 후기나 합격 수기 등을 통해 대략적으로 산출해보자. 그런 다음 목표를 달성할 수 있는 만큼 공부 시간을 확보할 수 있는지부터 판단해야 한다.

## 완벽주의에 빠진다

직장인의 시험공부는 '대충' 해야 한다. 대충이라니, 공부에 대충이 있을까? 이 말인즉슨 모든 내용을 이해하며 공부해서는 안 된다는 것이다. 일반적으로 자격증 시험에 출제되는 과목들은 전문적인 내용이 많다. 어떤 과목이든 충분히 이해하면 좋겠지만, 그렇게 되면 시간도 체력도 많이 소모된다. 내용을 자세히 이해하거나 아주 지엽적인 것까지 공부하겠다고 생각하면, 공부라는 경주에서 완주하기 어렵다. 이해가 안 되면 그냥 외워서 시험장에 가면 된다. 만약 관심이 가는 분야이고 전문성을 쌓고 싶으면 시험에 합격한 뒤에 더 공부하자.

중요한 것은 고득점보다 합격이다. 만점을 위한 노력보다 모든 과목의 합격선까지 공부하는 데 중점을 두어야 한다. 예를 들어 공인중개사 시험에 합격하려면 100점을 만점에서 전 과목이 40점을 넘어야 하고, 전체 평균이 60점 이상이어야 한다. 커트라인을 넘기겠다는 심정으로 과목별로 고르게 공부하는 것이 '합격'을 위한 가장 빠른 길이다.

반드시 시험이 아니라 할지라도 내가 설정한 목표를 간신히 달성할 수 있는 수준으로 공부하면 된다. 이해가 안 되면 일단 '그렇구나'하고 넘기는 마음으로 공부하자. 직장인의 공부는 스트레스를 받는 순간, 절반은 실패한 것이다.

## 공부 의지를 상실한다

시간이 지나면서 상황도 변한다. 무엇보다 공부해야 할 필요도 변한다. 승진을 위해 중국어 공부를 했는데 승진을 하면 더 이상 중국어 책을 볼 필요가 없어지는 것처럼 말이다.

이는 단계별로 합격해야 하는 시험을 준비하는 사람들에게서도 적용된다. 특히 국제재무분석사의 경우 레벨1·2·3을 합격해야 하고 1년에 1번밖에 시험에 응시할 수 없어 합격까지 최소 3년이 걸리는 시험이다. 내 주위 직장인들은 대개 레벨1·2를 준비하다가 중간에 그만두곤 한다. 그럴 수 있다. 으레 직장인에게는 공부를 도와주는 일보다 방해하는 일이 더 많이 생기니 말이다. 이직과 퇴직을 하기도 하고, 결혼을 하거나 자녀가 생기기도 한다. 다른 할 일들이 자꾸 내 앞으로 치고 들어온다. 이럴 때는 처음부터 다시 목표를 검토해봐야 한다. 내가 하고 싶은 것과 목표를 재점검해서 의욕을 되찾고 전략도 다시 짜야 한다.

# 제2장

# 직장인의 공부, 주말에서 시작된다

# 공부하기 싫은 직장인을 위한
# 현실적인 공부 전략

공부를 즐길 수 있는 경지에 오른 사람은 공부하는 것이 행복하겠지만, 시간 없는 평범한 직장인이라면 자연스럽게 공부는 '하기 싫은 것'이 된다. 그러니 최대한 적게 효율적으로 공부하는 것이 중요하다.

"○○시험에 합격하려면 얼마나 걸리나요?" 내가 직장에 다니며 많은 시험에 합격하다 보니, 주변 사람들이 종종 '얼마나 공부해야 성과가 있는지'를 자주 묻는다. 무엇을, 어떻게, 누가 공부하느냐에 따라 성과를 내는 데 필요한 공부량은 다르다. 혹시 무조건 많이 공부하면 더 빨리 성과를 낼 수 있을까?

일리노이 공과대 심리학 교수 레이먼드 반 젤스트와 윌러드 커 교수는 동료들을 대상으로 연구 습관과 일에 관해 조사한 결과, 연구실에서 일주일에 25시간을 보내는 과학자들과 5시간을 보내는 과학자들의 논문 개수는 다르지 않았다고 한다. 그리고 주당 35시간을 일하는 과학자들의 성과물은 주당 20시간을 일하는 동료들의 절반에 그쳤다고 한다. 공부도 마찬가지다. 많은 공부 시간이 성공을 보장하지는 않는다.

　나는 다양한 시험을 준비하면서 항상 '최대한 적게 공부하는 연습'을 통해 적게, 효율적으로 공부하는 밀도 높은 공부 전략을 결정하는 요소를 고민했다. 그 결과, 효과적인 공부에 필요한 요소는 4가지라는 결론을 내렸다. 시간 배분, 장소 선정, 공부 방법 그리고 생활 관리. 밀도 높은 공부를 위해선 각각의 요소를 효율적으로 관리해야 한다.

**효과적인 공부를 위한 4가지 요소**

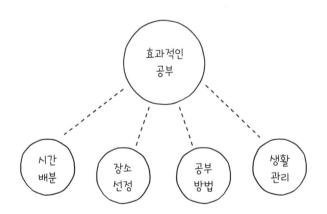

## 언제 공부할 것인가?

많은 시간을 공부하는 것보다 제한된 시간 안에서 효율성을 높이는 연습이 필요하다. 실제로 많은 사람이 공부할 시간이 없다며 필요한 노력이나 방법을 고민하지 않고 꽤 많은 시간을 헛되게 보내고 있다.

세상에 벼락치기를 해보지 않은 사람이 있을까? 생각해보면 시험 며칠 전에 본 것보다 직전에 본 것이 머릿속에 더 잘 남는다. 어떻게 보면 '충분한 시간'보다 '빡빡한 시간'이 합격에 유리하다. 무조건 오래 공부하는 것보다 제한된 기간을 효율적으로 활용하는 것이 보다 높은 성과를 얻을 수 있는 방법이다.

직장인이 효율적으로 공부하기 위해서는 주말과 주중의 공부 시간을 잘 배분해야 한다. 이제부터 내 경험을 바탕으로 직장인이 효율적으로 시간을 배분하고 관리하는 방법, 그리고 그것에 더 쉽게 익숙해지는 방법을 나누려 한다.

## 어디서 공부할 것인가?

직장인의 공부는 학생의 공부와 다르다. 직장은 하루 종일 공부하기보다 자투리 시간에 공부하는 경우가 많고, 매일 공부하기보다 퇴근 후, 그리고 주말에 몰아서 공부하는 경우가 많다. 그렇기 때문에 정해진 장소에서 공부할 필요가 없다. 따라서 효율적으로 공부하려면 나에게 맞는 공부 장소가 어딘지 치열하게 고민해야 한다.

### 어떻게 공부할 것인가?

많은 직장인이 무턱대고 학원부터 다니다가 야근이며 회식에 치여 중간에 그만둔다. 사실 공부하겠다고 사놓고 읽지 않은 책도 많다. 어떤 계기로 공부를 시작했지만 10~20페이지 책을 읽다가 많은 양에 질려 금세 공부할 동기가 떨어지기도 한다. 인터넷으로 강의를 들으면 왠지 이해가 되는 것 같은데 문제를 보면 내용이 전혀 생각이 나지 않는다. 시험공부는 더하다. 시험을 위해 외워야 하는 건 어찌나 많은지……. 저 많은 것을 다들 어떻게 암기하고 시험을 보나 신기할 정도다.

직장인이 공부에 재미를 붙이려면 좀 더 정확한 방법을 알고 공부해야 한다. 책은 어떻게 읽어야 하는지, 어떻게 암기해야 하는지, 시험을 본다면 어떤 준비를 해야 하는지를 알아야 한다. 공부 방법을 알면 효율적으로 공부하면서 성과를 낼 수 있다.


### 컨디션은 어떻게 조절할 것인가?

직장인에게는 현재 공부를 하고 있다는 사실 자체가 엄청난 부담이고 스트레스다. 시험공부를 하는 경우, 회사에 그 사실이 알려지면 주변의 관심이 많아지고 부담감은 커진다. 공부를 막 시작할 때는 못 느낄 수도 있지만 시간이 지날수록 압박감이 심해지고 신경이 예민해질 수 있다. 친구가 하는 말 한마디, 작은 소음, 길에서 나를 앞질러가는 사람 등 별것 아닌 것에 짜증이 나기도 한다.

그럴수록 일상생활 속 작은 습관들을 관리하는 것이 중요하다. 공부하는 직장인은 어떻게 체력을 관리를 해야 하는지, 어떻게 자는 것이 좋은지, 혼자 꾸준히 공부하기 위해 어떤 자세를 가져야 하는지 알아야 한다. 컨디션 조절과 체력 관리는 공부하는 직장인에게 필수 조건이다. 이를 잘 관리해서 기분 좋게 공부하도록 하자.

# 하나를 제대로 공부하는 데
# 필요한 시간

무언가를 제대로 공부하기 위해서는 얼마나 많은 시간이 필요할까? 현재의 상황, 목표, 각자의 능력에 따라 공부에 필요한 시간은 다를 것이다. 효율적으로 공부하기 위해서는 해당 공부에 필요한 시간을 계산해 시간 배분 계획을 세워야 한다.

말콤 글래드웰은 『아웃라이어』에서 어느 분야에서든 세계 수준의 전문가, 마스터가 되려면 1만 시간의 연습이 필요하다는 신경과학자 대니얼 레비틴의 연구 결과를 소개했다. 연구 결과에 따르면, 작곡가, 야구선수, 소설가, 스케이트 선수, 피아니스트, 체스 선수, 숙달된 범죄자, 그밖에 어떤 분야에서든 연구를 거듭하면 할수록 해당 수치를 확인할 수 있다고 한다.

다시 말해, 한 분야에 전문가가 되려면 1만 시간은 걸린다는 것이다. 1년은 대략 52주이고 일주일에 20시간을 공부한다고 가정하면 1년에 1,040시간을 공부하는 것이다. 그렇게 10년을 공부해야 대략 1만 시간이 된다. 여기까지 생각하니 문득 이런 의문이 든다. 과연 무엇이든 1만 시간이나 공부를 해야 할까? 그럼 직장인은 대체 어떻게 시간 계획을 세워 공부해야 할까?

## 직장인이 1만 시간을 공부할 수 있을까?

보통의 직장인이 10년 동안 1만 시간이나 공부할 수 있을까? 일도 해야 하고, 휴식도 취해야 하고, 가족과 나의 건강도 챙겨야 하는데 말이다. 그렇다면, 직장인이 되어서도 10년간 꾸준히 공부한 나는 과연 1만 시간을 공부했을까?

　다음 표에서 계산한 소요 시간은 내가 2007년부터 2016년까지 순수하게 공부하는 데 쓴 시간만을 대략적으로 계산해본 것이며, 공부를 위한 정보 수집이나 준비 시간은 제외했다. 대략적으로 산출한 결과이니 실제 공부에 투자한 시간은 3,850시간보다는 많을 것이다. 비록 1만 시간을 공부한 것은 아니지만, 그럼에도 많은 자격증을 따고 업무에 필요한 공부를 충분히 할 수 있었다. 일반적인 직장인이라면 굳이 1만 시간까지 공부하지 않아도 충분히 성과를 낼 수 있다. 공부를 위해 최소한의 시간 투자는 당연히 필요하지만, 그 양이 거창할 필요는 없다. 부담 갖지 말자.

# 내가 10년 동안 공부한 시간

| 연도 | 공부한 내용 | 소요시간 |
|------|-------------|----------|
| 2007 | 워드프로세서 1급 합격<br>컴퓨터활용능력 1급 합격<br>MOS MASTER 합격 | 5시간×12주=60시간 |
| 2008 | 국제재무분석사(CFA)<br>레벨1 합격 | 300시간 |
| 2009 | 국제재무위험관리사(FRM) 합격 | 600시간 |
| 2010 | 국제재무분석사(CFA)<br>레벨2 합격 | 450시간 |
| 2011 | 국제재무분석사(CFA)<br>레벨3 합격 | 600시간 |
| 2012 | 업무 관련 공부(영어, 법학 등) | 10시간×20주=200시간 |
| 2013 | 사이버 대학에서<br>12학점(4과목) 이수 | 2시간×15주×4과목=120시간 |
| 2014 | 업무 관련 공부(세법) | 20시간×8주=160시간 |
| 2015 | 미국 공인회계사(USCPA) 합격 | 20시간×50주=1,000시간 |
| 2016 | 공인중개사 합격 | 20시간×18주=360시간 |
| | 계 | 3,850시간 |

※ 국제재무분석사(CFA) 시험의 경우 학원(이패스코리아 공식 블로그)에서 안내하는 공부 시간으로 산정했고, 나머지 시험은 기본 강의를 듣는 데 걸리는 시간, 나의 경험 등을 근거로 대략적으로 산출한 것이다.

## 목표에 맞춰 공부 시간을 산정해보자

아무리 생각해도 매주 20시간씩 10년간 공부하는 건 너무 어렵다. 보다 쉬운 방법을 써보자. 구체적인 목표에 맞춰 공부에 필요한 시간을 산정해보는 것이다. 아래, 내 경우를 예시로 참고하길 바란다.

먼저, 온라인으로 대학교 학점을 이수하는 경우나 회사의 정책에 따라 온라인 강의를 들어야 하는 경우에는 일상생활에 가급적 영향을 주지 않도록 시간 계획을 세우는 것이 좋다. 주중보다 주말 오전이나 남는 시간을 이용해 공부하자. 주말 오전에 3시간을 공부하고 저녁 식사 후 1시간 정도 복습하는 방식으로 공부한다. 오전에 공부한 것을 저녁에 복습하면 두 번 보는 효과를 얻을 수 있다. 주중에는 공부에 전혀 신경을 쓰지 않는다. 일도 바쁜데 공부로 받는 스트레스는 가급적 줄이는 것이 좋다.

**온라인 강의 공부 시간**

| 요일 | 월 | 화 | 수 | 목 | 금 | 토 | 일 | 계 |
|------|----|----|----|----|----|----|----|----|
| 시간 | – | – | – | – | – | 4시간 | 4시간 | 8시간 |

자격증 시험은 그 종류에 따라 합격하기까지 최소 몇개월에서 최대 몇 년을 공부해야 할 수도 있다. 장기적으로 공부하려면 체력에 무리가 가지 않으면서도 어느 정도 공부 성과가 나올 수 있을 정도로 적당량의 공부 시간을 계획해야 한다. 나는 매주 약 20시간 정

도 공부하는 것을 추천한다. 매주 20시간이 직장인이 장기적으로 많이 공부할 수 있는 표준 공부 시간이다. 주중에는 3일 정도, 3시간 내외로 공부하자. 출퇴근 시간을 이용해서 1시간 정도 공부하고 퇴근 후 2시간 이내로 공부해서 밤 11시 전에 그날 공부를 마무리하자. 그래야 휴식 후 자정 전후에 잠을 잘 수 있다. 주말에는 오전과 오후로 나눠 하루에 6시간 정도 공부할 수 있도록 계획하자. 체력에 무리가 가지 않으면서도 상당히 많은 양을 공부할 수 있다.

**자격증 시험공부 시간**

| 요일 | 월 | 화 | 수 | 목 | 금 | 토 | 일 | 계 |
|---|---|---|---|---|---|---|---|---|
| 시간 | – | 3시간 | – | 3시간 | 2시간 | 6시간 | 6시간 | 20시간 |

영어, 중국어 등 언어를 공부하는 경우에는 꾸준함이 중요하다. 주중에는 출퇴근할 때 1시간 정도 공부하고, 주말에는 오전을 이용해서 학원에 가거나 온라인으로 강의를 듣는 방식으로 공부하는 것이 효과적이다. 만약 토익 같은 공인 시험 성적을 받기 위해 공부하는 경우라면 시험을 준비할 때와 같이 공부 시간을 조절하는 것이 좋다.

시험 직전에 몰아서 공부하는 경우에는 어떻게 하는 것이 좋을까? 내 경험상 직장인이 일을 하면서 최대한 공부할 수 있는 시간은 매주 35시간 정도라고 생각한다. 장기적으로 매주 35시간을 공부할 수는 없다. 체력적으로 너무 힘들다. 주말에 하루 10시간씩 공부하려면 다른 개인적인 일을 하긴 어려울 것이다. 시험 직전에 공부를 몰아서 해야 하는 경우에만 매주 35시간을 공부하도록 계획하자.

**시험 직전의 공부 시간**

| 요일 | 월 | 화 | 수 | 목 | 금 | 토 | 일 | 계 |
|------|------|------|------|------|------|------|------|------|
| 시간 | 3시간 | 3시간 | 3시간 | 3시간 | 3시간 | 10시간 | 10시간 | 35시간 |

### 주말에 공부하면 효율적인 3가지 이유

내 경험을 바탕으로 생각해보면 적게 공부할 때는 주당 8시간, 최대로 공부할 땐 35시간 정도를 공부에 투자했다. 요일별로 살펴보면 공부 시간의 절반 이상이 주말에 집중되어 있다. 평일보다 여유가 있으니 당연한 소리처럼 들리겠지만, 주말을 활용한 공부에는 생각보다 더 큰 장점이 있다.

첫째, 높은 집중력이 필요한 공부를 할 수 있다. 주중에는 자투리 시간만 있을 뿐 집중해서 공부할 시간적 여유가 없다. 평일에 시간을 확보해서 공부한다고 해도 퇴근 후 피곤한 상태에서는 높은 집중력을 요구하는 내용을 공부하기는 어렵다. 그러므로 난이도가 높거나 이해를 요구하는 공부는 주말을 활용하면 훨씬 수월하게 할 수 있다.

평일 공부와 주말 공부의 특징을 비교하면, 차이는 더욱 명확해진다. 우선 평일과 주말에는 하루에 평균적으로 확보할 수 있는 시간의 양에 큰 차이를 보인다. 평일엔 최대 3시간을 확보한다면, 주말엔 6시간 이상을 확보할 수 있다. 또 평일에는 야근이나 회식 등 갑작스럽게 공부를 방해하는 일이 생길 확률이 높다. 결국 시험공부처럼 단기간 집중력을 요하거나, 공부량이 많은 계획을 효과적으로 진전시킬 수 있는 기회는 주말에 있다.

둘째, 주말에만 공부해도 성과를 볼 수 있다. 앞서 언급한 바와 같이 사이버 대학에서 학점을 이수하는 경우 주말에만 시간을 내서 집중적으로 공부하면 성과를 낼 수 있다. 이처럼 목표에 따라서는 주말에만 공부해도 충분히 성과를 낼 수 있다. 나는 주로 새로운 업무에 적응해야 할 때 주말을 활용했다. 바쁜 주중에는 시급한 업무처리를 서두르고, 주말에 남은 시간에 내 실력을 쌓기 위한 공부를 했다. 주로 온라인 강의를 들었는데 확실히 주말에 강의를 들으며 공부하니 업무에 차질 없이, 빨리 적응할 수 있었다.

셋째, 공부를 본격적인 궤도에 올릴 수 있다. 앞서 언급했듯이 업무에 지친 직장인이 평일에 깊이 있는 내용을 공부하기란 쉽지 않다. 그렇기 때문에 직장인은 주말을 잘 이용해야 한다. 주말엔 학원에서 강의를 듣거나 어렵고 이해가 필요한 공부를 하고, 주중에 이를 복습하는 방식으로 공부하면 조금 더 편하게 공부에 습관을 붙일 수 있다. 결국 직장인의 공부는 주말을 어떻게 활용하는가에 따라 달라진다.

# 공부의 밀도를 높이는
# 가장 확실한 방법, 주말 공부

직장인은 주말에 취미 생활도 해야 하고, 휴식도 취해야 하며, 가끔 있는 경조사도 챙겨야 한다. 이렇게 바쁜 주말에 하루 10시간씩 공부한다면, 과연 우리는 체력과 스트레스를 관리할 수 있을까? 우리가 원하는 것은 보람찬 주말이지 피곤하고 의미 없는 주말이 아니다. 따라서 직장인이 주말 공부를 계획할 때는 '스라밸(study & life balance, 공부와 삶의 균형)'을 염두에 두고 휴식과 여가생활 그리고 공부의 조화를 이루는 데 중점을 둬야 한다.

## 공부와 휴식의 징검다리를 만들어라

공부는 사이사이 휴식이 적절히 섞여 있을 때 더 효율적이다. 주말 공부를 위한 공부와 휴식의 징검다리는 어떻게 만들 수 있을까?

먼저, 직장인이 주말에 공부하려면 기상 시간을 잘 관리해야 한다. 평일에 출근할 때와 비슷한 수준으로 새벽같이 일찍 일어날 필요는 없지만, 오전 8~9시 정도에 기상해 시간 여유를 확보해야 휴식을 취하며 공부하기 수월하다. 낮 12시 전까지 3시간의 공부 시간을 확보하고 낮 12시에서 저녁 7시까지는 낮잠 또는 여가 시간으로 활용해보자.

예를 들어 낮 12시 정도에 친구와 점심 약속을 잡은 경우라면 오전 8시에 일어나서 약속 장소 근처에 위치한 카페에 간다. 주말 오전의 카페는 비교적 조용하니, 거기에서 3시간을 공부하고 낮 12시에 친구를 만나서 점심을 먹는다. 오후 3~4시까지 친구와 보내고 장을 봐서 집에 돌아간다. 집에 가면 1~2시간 낮잠을 자고, 일어나서 저녁을 먹으면 오후 7시 정도 될 것이다. 그때부터 밤 10시까지 3시간 정도 공부를 한다. 주말에도 가급적이면 밤 10시 이후에는 공부하지 않는 게 좋다. 주말에 밤 늦게까지 공부하면 (내 경험상) '내가 이렇게까지 해야 하나' 회의감이 들 수 있기 때문이다. 밤 10시 이후에 보고 싶은 방송이나 영화를 보고 자정 전후로 잠자리에 든다. 일요일이라면 다음 날 출근을 해야 하니 더 일찍 잠자리에 드는 것도 좋다.

주말엔 가급적 저녁보다 낮 시간대에 여가 활동을 하는 것이 좋다. 저녁에 약속을 잡아본 직장인이라면 공감하겠지만 저녁에 친구를 만나면 자리가 길어지기 십상이다. 또 체력을 고려해서 주말

이틀 중 하루는 야외 활동, 하루는 실내 활동을 하는 것을 추천한다. 토요일에 밖에서 여가 활동을 했다면 일요일 낮에는 집이나 집 근처에서 가볍게 휴식을 취하자. 그래야 공부할 체력을 유지할 수 있다.

### 시간대별로 학습 포인트를 바꿔라

뇌는 아침에 가장 힘이 세다. 그러니 주말 오전에는 타이트하게 강의를 듣거나 책을 읽는 등 집중력이 필요한 공부를 하고 저녁에는 비교적 집중력이 적게 필요한 공부를 하자. 오전에 학습한 내용과 관련된 문제를 풀어보거나 공부한 내용 요약·정리하는 것을 추천한다. 자기 전에는 필기한 내용 위주로 공부한 내용을 다시 확인하자. 신기하게도 잠자기 직전에 공부한 내용이 낮에 공부한 내용보다 기억에 더 오래 남는다고 한다.

### 밸런스 체크리스트를 만들자

휴식, 여가생활, 그리고 공부가 조화된 주말을 만들어야 공부를 지속적으로 할 수 있다. 주말에 하고 싶은 일과 공부 계획을 리스트로 정리해보자. 가급적이면 공부, 여가생활 그리고 휴식을 번갈아 배치해야 스트레스를 적게 받는다. 나는 다음과 같은 방식으로 주말 계획을 세웠다.

**공부와 휴식의 밸런스를 맞춘 주말 계획**

| 구분 | 토요일 | 일요일 |
|---|---|---|
| 기상 | 오전 8시 | 오전 8시 |
| 취침 | 오전 1시 | 오후 11시 |
| 오전 공부 | 온라인 강의 듣기(6~8강)<br>온라인 강의 듣기(10~12강) | 온라인 강의 듣기(13~15강)<br>재무관리 내용 요약 |
| 휴식 | 결혼식 참석(12시, 강남역)<br>동기모임(2시, 압구정) | 운동<br>장 보기 |
| 오후 공부 | 온라인 강의 듣기(10~12강) | 재무관리 내용 요약 |
| 휴식 | TV시청 | 유튜브 시청 |

표를 보면, 아침에 한 번, 오후에 한 번 공부한 것을 알 수 있다. 그리고 공부 시간 사이에 휴식 시간을 배치해 계획을 세웠다. 이런 방식으로 공부와 해야 할 일을 번갈아가며 배치하고 하나씩 지워나가는 방식으로 일정을 관리하면 좀 더 균형 있는 주말을 보낼 수 있다.

직장인에게 주말에도 공부하라니, 너무하다 싶을 수 있겠지만 주말은 깊이 있는 공부와 휴식을 동시에 취할 수 있는 소중한 기회다. 직장인의 공부는 이 시간을 어떻게 활용하느냐에 따라 성공 가능성이 높아질 수 있다.

# 공부하는 주말을 지키는
# 가장 확실한 방법

．
．
．

직장인이 주말에 공부하는 것은 현실적으로 어렵다. 시간을 확보하는 방법을 알아도 행동으로 옮기기는 쉽지 않다. 아침에 일찍 일어나기도 어렵고 주말에는 마냥 게으르고 싶은 것이 직장인의 마음이다. 결혼을 했거나 자녀가 있는 경우라면 의지가 있어도 시간을 내기 어렵다. 내가 가장 많이 받는 질문은 "결혼해서 애 키우기 바쁜데 주말에 공부할 시간이 있나요?"이다. 이런 경우라면 공부하고자 하는 의지가 있어도 공부할 시간 자체가 없다. 그래서 주변 사람들의 도움이 필요하다.

직장인의 공부하는 주말을 지키기 위해서는 '공부하고자 하는 의지'와 '주변 사람들의 도움'이 필요하다. 이 2가지를 어떻게 얻을 수 있을까?

## 밖으로 나가라

앞서 언급한 바와 같이 주말에 공부 시간을 확보하기 위해서는 시작(기상 시간)이 중요하다. 일단 일어나면 밖으로 나가는 것이 좋다. 편한 옷차림으로 집 근처 카페에 가자. 아니면 아예 아침 시간으로 학원 강의를 등록하는 것도 좋다. 일단 사람들이 있는 곳에 나오면 긴장이 되고 공부하고자 하는 의지도 생긴다. 시작이 반이다.

## 타인의 시간을 빌려라

우리는 결혼을 하면 아기를 키우거나 집안일을 해야 한다. 현실적으로 가족, 친척 등 주변 사람들 도움 없이 공부하기 어렵다. 양해를 구해 일정 기간 주변 사람들의 시간을 빌려야 한다. 내 주변에도 이런 저런 공부를 위해 배우자에게 양해를 구하는 경우가 꽤 있다. 누군가의 희생이 필요한 일이므로 상대방이 납득할 수 있도록 양해를 구해야 한다. 주변 사람들을 좀 더 잘 설득하려면 다음과 같은 요령이 필요하다.

첫째, 지금 내가 하는 공부가 당신에게도 도움이 된다고 설득하자. 예를 들어, 현재의 직장의 급여가 높지 않아 이직을 고려하고 있고, 이직을 하기 위해서는 자격증이 필요하다고 배우자를 설득하는 상황을 가정해보자. '내가 왜 이직을 하고자 하는지(급여)', '이직을 통해 상대방에게 어떤 혜택이 돌아가는지(경제적 여유)' 등을 자세하게 말하고 양해를 구해야 한다.

둘째, 양해를 구하는 시간을 구체적으로 제시하자. 앞서 언급한 예에서 이직을 위해 자격증이 필요한데, 그 자격증을 취득하려면 얼마나 시간이 걸리는지를 사전에 상대방에게 알려주어야 한다. 상대방도 언제, 얼마나 양해를 해줘야 하는지를 알아야 사전에 대비를 할 수 있다. 그러려면 공부하기 전, 구체적으로 공부에 필요한 시간을 산정해 계획을 세우는 과정이 필요하다.

셋째, 반드시 성과를 내야 한다. 가장 중요하다. 힘들게 양해를 얻어 주말에 공부를 했는데 자격증 취득이라는 목표를 달성하지 못하면 눈치가 보일 수밖에 없다. 또다시 양해를 구해야 할 수도 있다. 직장인의 공부는 시간이 부족한 만큼 절박하기도 하다.

# 직장인의 평일, 퇴근 후 1시간을 지켜라 ✏️

직장인이라면 자투리 시간을 아껴서 공부하라는 조언은 셀 수도 없을 만큼 많이 들었을 것이다. 직장인이 평일에 공부하기 어려운 이유는 시간을 내기 어려울 뿐 아니라, 일을 한다고 피로감이 높아진 상태에서 또다시 공부하기가 힘들다는 점도 있다.

그러나 평일에 공부하는 것이 반드시 불리한 것만은 아니다. 평일 공부에도 장점이 있다. 우선 평일에는 업무를 하며 긴장감을 유지하게 되는데, 그 긴장감을 활용해서 짧은 시간에 집중적으로 공부할 수 있다. 또 평일에는 주말보다 몸을 움직이는 일이 많은데, 뇌를 활성화시키는 가장 유효한 방법은 '몸을 움직이는 것'이라고 한다.

평일에도 시간을 절약해서 얼마든지 공부할 수 있다. 그런데 그

것도 구체적인 방법을 알아야 가능하다. 직장인이 평일에 효율적으로 공부하려면 먼저 어디서 시간이 낭비되고 있는지를 먼저 체크하고 최대한 체력적인 부담을 줄여 낭비하는 시간을 공부로 채워 넣을 수 있도록 노력해야 한다.

### 하루 3시간을 공부를 위해 확보하라

평일에 3시간 이상 공부하기는 현실적으로 쉽지는 않다. 오전 7시에 기상해서 오전 9시부터 업무를 하고 오후 7시에 퇴근하는 직장인을 가정해보자. 퇴근해서 씻고 식사를 하면 저녁 8시가 넘는다. 그 후 곧바로 공부를 한다고 하더라도 하루 평균 3시간을 공부하기는 어렵다. 저녁에 회식이 있거나 야근을 하는 날은 사실상 퇴근 후 공부가 불가능하다.

평일에 공부할 수 있는 시간은 3시간이 최대라고 생각하고 자투리 시간을 아껴 그 시간을 채울 수 있도록 계획해보자. 평일에 3시간을 확보하려면 1~2시간은 출·퇴근 및 점심시간, 자투리 시간 등을 활용하고, 퇴근 후 1시간을 지켜 집에서 공부해야 한다.

### 늦게 일어나고 빨리 준비해라

직장인은 누구나 아침에 일어나는 것이 가장 힘들다. 공부하겠다고 무리해서 일찍 일어나면 하루 종일 컨디션이 좋지 않을 수 있다. 그러면 오히려 업무와 공부 모두에 부정적인 영향을 주게 된다. 차라리 늦게 일어나고 빨리 준비해라.

나는 잠자리에 들기 전에 미리 내일 입을 옷과 가져가야 할 것들을 문 앞 복도 쪽에 깔아두었다. 아침에 일어나면 모든 일을 동시에 진행한다. TV를 켜고 뉴스를 보면서 양치를 하고 샤워를 한다. 스킨을 바른 뒤 흡수되는 시간에 상의를 입고 로션을 바른 뒤 하의를 입는다. 아침식사는 간단히 빵을 먹었는데 머리를 말리며 먹거나, 출근하는 길에 걸어가며 먹었다. 모두 나처럼 하라는 것은 아니다. 자신의 아침 루틴에서 최대한 시간을 단축할 방안을 찾아보라는 것이다. 나의 경우 이렇게 행동하는 방식을 바꾸니 출근 준비 시간을 절반으로 단축할 수 있었다.

### 출퇴근 시간을 적극 활용하라

자투리 시간도 활용하기 나름이다. 출퇴근 시간은 가장 활용하기 좋은 시간이다. 출퇴근 방법에 따라 책을 볼 수 있는 상황(지하철), 스마트폰을 볼 수 있는 상황(버스나 택시), 둘 다 불가능한 상황(도보나 자가 운전)으로 나누어 공부 전략을 세워보길 추천한다.

먼저 지하철로 출퇴근하는 경우에는 자리에 앉아 책을 볼 수 있다. 조금 이르더라도 혼잡한 시간대보다 자리에 앉을 수 있는 시간대에 출근하는 것을 추천한다. 버스로 출퇴근을 하는 경우 차가 흔들리거나 멀미가 나서 책을 보기는 어려울 수 있다. 이럴 땐, 스마트폰을 활용해 공부할 수 있다. 영어 듣기를 하거나 공부하며 정리해둔 내용을 스마트폰으로 찍어두었다가 보는 것을 추천한다. 집중해서 글을 읽기 어려운 환경에서는 단순 암기 위주로 공부하는 것이 좋다.

도보나 자가 운전으로 출퇴근을 하는 경우에는 스마트폰을 활용해서 공부하기도 어렵다. 영어 듣기 정도는 가능할 수 있지만 운전할 때 다른 곳에 집중하면 사고날 위험이 있으니 운전 중에는 가급적 공부를 하지 않는 것이 좋다.

직장이 가까워서 걸어서 출근할 때는 오늘 할 일을 머릿속으로 정리했다가 횡단보도에서 신호를 기다리며 스마트폰에 기록해보길 추천한다. 마찬가지로 걸어서 퇴근할 때도 스마트폰으로 뉴스를 듣는 등 출퇴근 시간을 적극 활용해보자.

### 시간대에 따라 공부 포인트를 바꿔라

자투리 시간도 시간대에 따라 공부하는 내용을 잘 배치하면 효율적으로 활용할 수 있다. 점심시간에 식사를 빨리 하면 30분 정도의 여유를 확보할 수 있다. 이 시간대의 사무실은 조용하니 집중해서 책을 보거나 온라인 강의를 들을 수 있다. 점심시간이 끝나갈 무렵부터는 사무실 분위기가 어수선해지므로 30분 내로 끝나는 강의를 듣거나 문제 풀이와 같이 짧게 끊어지는 내용을 보는 것이 좋다.

일을 하다 보면 종종 대기 시간이 발생한다. 대기 시간은 언제 끝날지도 모르고, 사무실이 아닌 곳에서 대기가 생기는 경우엔 공부하기가 쉽지 않다. 그래서 영어 단어 암기와 같이 간단하게 손에 잡고 볼 수 있는 정리 노트나 단어장을 활용하는 것이 좋다. 노트를 꺼내 보는 것이 어려운 상황이라면 스마트폰으로 찍어서 보자.

퇴근 후에는 저녁을 먹는 순간 피곤함이 몰려온다. 공부를 해도 집중력이 오르지 않는 시간대인 것이다. 이때는 낮은 집중력으로 공부할 수 있는 방법을 택하는 것이 좋다. 그중 한 가지 방법이 온라인 강의를 듣는 것이다. 30분 간격으로 쉬면서 1시간 30분~2시간 정도 강의를 들은 뒤 10분 정도 공부한 내용을 정리하는 방법을 추천한다. 너무 피곤하거나 다소 집중력이 필요한 공부를 해야 한다면 그냥 잠시 쉬자.

### 밤에는 공부에 대한 미련을 버려라

가급적 밤 10시(늦어도 11시) 전에 공부를 끝내고, 자기 전에 1~2시간은 휴식 시간을 가지는 것이 좋다. 평일에 일과 공부를 병행할 땐, 나만의 여유를 즐길 수 있어야 한다. 잠들기 전 1~2시간 정도는 게임을 하거나 드라마를 보는 등 휴식을 취해야 내일도 공부할 맛이 나기 때문이다.

늦게 퇴근한 날에는 그날 목표한 진도를 다음 날로 미루는 것이 좋다. 피곤한 날에 목표를 달성하겠다고 무리해서 늦게까지 공부하면 다음 날 스트레스와 피로가 부메랑처럼 돌아와 공부를 망친다. 바쁘고 피곤한 날에는 다른 생각하지 말고 쉬자.

평일 공부는 시간 확보가 가장 중요하다. 일단 시간을 어떻게 확보할 것인지 표로 만들어보는 것이 좋다. 확보할 수 있는 시간과 공부할 내용을 다음과 같이 표를 만들어보면 도움이 된다.

**시간 확보 정리표**

| 요일 | 출근 | | 점심시간 | | 퇴근 | | 퇴근 후 | | 기타 | |
|---|---|---|---|---|---|---|---|---|---|---|
| | 시간 | 내용 | 시간 | 내용 | 시간 | 내용 | 시간 | 내용 | 시간 | 내용 |
| 월요일 | 40분 | 문제 풀이 | 30분 | 강의 복습 | 40분 | 문제 풀이 | 2시간 | 강의 듣기 | 20분 | 영어 단어 암기 |
| 화요일 | 40분 | 단어 암기 | 30분 | 강의 복습 | | | | 회식 | | |

# 시간 창출의 비밀,
# 업무 환경을 분석하라 ✏️

과연 바쁜 업무 여건에서도 공부를 할 수 있을까? 장관 수행비서는 중앙부처에서 몹시 바쁜 자리로 꼽힌다. 그래도 수행비서들 중에 짬짬이 영어 공부를 해서 토플 시험에서 좋은 성적을 거둔 사람을 봤다. 아무리 바빠도 마음먹기에 따라 공부할 수 있는 것이다.

내 경험으로 봐도 그것은 가능하다. 활용할 수 있는 시간이 많지 않아 큰 성과를 얻기는 어려울지 몰라도 '발전을 위한 초석' 정도는 만들 수 있다. 하지만 바쁠 때일수록 보다 전략적인 접근이 필요하다. 여기서 핵심은 자신의 업무 환경을 분석해서 그에 맞는 목표를 정해 밀도 높은 공부를 해야 한다는 것이다.

## 업무 환경을 분석하라

장관 수행비서는 업무 특성상 아침에 일찍 출근해서 밤늦은 시간까지 근무하는 경우가 많고, 주말을 온전히 쉬기 어렵다. 갑자기 일이 발생하는 경우를 대비해 항상 대기해야 하며 휴일에도 여기저기서 많은 연락이 온다. 하지만 이렇게 바쁜 와중에도 업무 중에 대기 시간이 생기기도 하고 쉬는 날도 있다. 다음 사항을 고려해 업무 환경을 분석해보면 공부할 수 있는 '시간'을 만들어낼 수 있을 것이다.

첫째, 업무의 성격을 파악하자. 근무지는 어디며, 외근은 잦은지 등 업무의 성격을 상세히 파악할 필요가 있다. 수행비서의 경우 여기저기 이동하거나 하루 종일 외근을 하는 경우가 많다. 자주 이동하기 때문에 공부할 책을 항상 구비하기도 어렵다. 그래서 나는 수시로 책을 가지고 다니는 것은 어렵다고 판단하고 한 번에 집중해서 공부하는 방식을 택했다.

둘째, 공부에 활용 가능한 시간을 파악해라. 수행비서의 업무 특성상 공부할 수 있는 시간이 절대적으로 부족하다. 그래서 주당 3시간 정도 공부하는 것을 목표로 했다.

셋째, 파악한 공부 시간 중에서 집중 가능한 시간을 분석해라. 적은 시간에 많은 내용을 공부하려면 높은 집중력으로 공부해야 한다. 수행비서의 경우에도 토요일 오전 시간대는 비교적 조용하기 때문에 그 시간대에 집중적으로 공부할 수 있도록 계획했다.

업무 환경을 파악해 공부 시간을 확보했다면, 이제 적합한 목표를 정해보자. 각 순서에 따라 목표를 세분화하다 보면, 현재 가장 먼저 시작해야 하는 것이 눈에 들어올 것이다.

첫째, 최종 목표를 설정해라. 자격증 취득과 같이 달성하고자 하는 최종 목표를 정한다. 내 목표는 미국 공인회계사 자격증이었다. 물론 바쁜 환경 속에서 목표를 달성하는 것이 쉽진 않았지만, 바쁠 때 시간을 내어 작은 성과를 내보니 이후 여유가 생겼을 때는 더 쉽게 최종 목표를 달성할 수 있었다. 노력하다 보면 사람은 단련되기 마련이다.

둘째, 목표 달성을 위해 필요한 것을 나열해보라. 미국 공인회계사 시험의 응시요건 중 하나는 학점 취득이다. 내가 취득한 캘리포니아 주의 경우 회계사 시험 응시 요건으로 경영학 24학점, 회계학 24학점을 요구하고 있다.

셋째, 현재 상황에서 당장 할 수 있는 것부터 준비해라. 본격적인 시험공부를 시작하기 전에 응시 요건을 만족시키기 위해 사이버 대학에서 부족한 학점(회계학 12학점)을 수강하기로 했다. 한 주에 3시간 정도만 공부할 수 있는 현재 업무 환경에서도 학점 취득이라는 목표는 충분히 달성할 수 있다고 판단했기 때문이다.

## 공부도 티끌모아 태산이다

나는 바쁜 업무 속에서도 미국 공인회계사 시험 응시에서 요구하는 학점을 채워냈다. 이렇듯 업무 환경 분석을 통해 발견한 작은 여유를 활용해 공부하면 큰 목표를 달성하는 데 도움이 된다. 시간은 금이고 바쁜 시간 중에 만든 자투리 시간은 사금이다. 사금도 금이고 사금이 모이면 금덩어리가 된다. 사금을 금덩어리로 만드는 기술을 터득하면 바쁜 직장인이라도 쌓일수록 커지는 발전을 경험할 수 있다.

바쁠 때 효율적으로 공부하려면 업무 환경 분석이 필요하다. 업무 환경을 분석한 뒤 달성 가능한 목표를 세우고, 이에 맞는 공부 방법을 결정하는 것이 좋다. 바쁜 직장인이 효과적으로 공부하기 위해서는 업무 환경부터 분석해보고 전략을 짤 필요가 있다.

# 공부 시간을 만드는
# 3가지 팁

:

"시간이 어디서 나서 공부해요?" 직장 동료들이 나에게 가장 많이 묻는 질문이다. 나는 시간이 어디서 나서 공부를 했을까? 곰곰이 돌이켜보니 3가지 팁을 얻을 수 있었다.

### 기계의 노동력을 적극 활용해라

우리가 일상에서 자주 하는 행동이 있다. 이런 행동을 가장 효율적으로 할 수 있는 방법을 찾아 실천하면 평소에 시간을 절약할 수 있다. 여기서 핵심을 기계가 하는 일과 내가 직접 해야 할 일을 구분하는 것이다. 기계가 하는 일에 소요되는 시간을 고려해서 행동 순서를 정해보자.

예를 들어, 퇴근 후 집에서 전기밥솥의 취사 스위치를 누른 뒤

밥이 되는 약 35분의 시간을 쪼개서 사용해보자. 밥솥이 일하는 시간 동안 다른 일을 해치우는 것이다. 먼저 샤워를 하고 TV를 보며 몇 가지 반찬을 준비한다. 그럼 25분 정도가 소요되는데, 남은 10분 동안은 밥을 기다리며 오늘의 공부 내용을 미리 확인한다. 이런 식으로 평소에 자주 하는 행동에서 기계의 노동력을 활용하면 공부할 시간을 확보하는 데 도움이 된다.

### 전환 비용을 줄여라

전환 비용이란 현재 사용하고 있는 재화가 아닌 다른 재화를 사용하려고 할 때 들어가는 비용을 의미한다. 우리의 생활에서도 이런 전환 비용이 존재한다. 출근해서 사무실에 도착하면 곧바로 업무를 시작하기보단 일단 동료들과 인사를 하고 안부를 물으며 짧은 대화를 한다. 그 후 비로소 업무를 시작하는데, 이때 출근에서 업무로 전환되는 데 걸리는 시간도 전환 비용이라고 할 수 있다. 한 실험 결과에 따르면 전환 비용은 회사의 업무효율을 20~40퍼센트 감소시킨다고 한다.

어떻게 하면 전환 비용을 줄일 수 있을까? 예를 들어 출근길에 오늘 할 일을 정리해두면 출근해서 빠르게 업무를 시작할 수 있다. 이런 식으로 내 생활 습관을 점검하며, 전환 비용을 줄여 업무 효율을 높이면 그만큼 공부할 시간을 얻을 수 있다.

**가벼운 일은 한번에 처리하라**

10분이 걸리는 일 10가지를 1시간 안에 완료해야 한다면 어떻게 해야 할까? 하나씩 처리하면 100분이 소요될 것이고, 한 번에 2가지씩 일을 처리하면 50분, 절반밖에 걸리지 않는다. 제한된 시간 내에 많은 일을 하려면 가벼운 일은 2가지를 한꺼번에 하는 것이 좋다.

나는 보통 뉴스를 보며 밥을 먹거나, 퇴근길에 친구들에게 안부 전화를 한다. 또 화장실 갈 때 인터넷 뉴스를 보며 세상이 어떻게 돌아가는지 파악하고 운동하면서 영어공부를 하기도 한다. 이렇게 2가지 행동을 합쳐서 시간을 활용하는 습관을 들이면 공부 시간을 확보하는 데 큰 도움이 된다.

# 공부가 잘되는
# 나만의 장소를 찾는 법

직장인이 되어 처음 공부를 시작했을 때였다. 집에서는 공부가 잘되지 않아 무작정 밖으로 나왔다. 집 주변을 걷다가 카페가 보여서 들어갔는데 사람도 많고 분위기가 어수선해서 다시 나왔다. 좀 더 걷다 보니 또 다른 카페가 보였다. 하지만 작은 카페라 자리를 차지하고 공부하기가 눈치 보일 것 같아 포기했다. 공부할 만한 카페가 보이지 않아 '주변에 시립도서관 같은 곳은 없나?'라고 생각하며 스마트폰을 검색해봤지만 너무 멀어서 포기했다. 결국 다시 분위기가 어수선한 카페로 돌아왔다. 그렇게 공부하려고 자리를 잡는 데만 1시간이 넘게 걸렸다.

이 사건을 계기로, 그 이후부터는 공부할 만한 집 근처의 카페 1~2군데와 시립도서관 1군데 정도는 알아둔다. 사당역 부근에 살

때는 집 앞에 있는 프랜차이즈 카페에서 주로 공부했는데, 그 카페는 아침 7시에 문을 열어서 일찍 공부하러 가기 좋았다. 나는 주로 비교적 조용한 2층 구석 자리를 선호했다. 그 카페에 사람이 많은 날에는 좀 더 골목에 있는 조용한 카페에 가서 공부하곤 했다.

학생 때는 주로 학교나 도서관에서 공부하니 공부 장소에 대해 고민할 일이 없지만 직장인의 경우 '어디서 공부해야 하는지'도 중요한 문제다. 사람마다 공부하는 방법이 다르듯이 집중이 잘되는 장소도 사람이나 상황에 따라 다르다. 공부 장소에 따라 공부 효율이 좌우되므로 다음과 같은 기준으로 공부 장소를 선택하자.

**공부 장소를 선택하는 기준**

| 구분 | 설명 |
| --- | --- |
| 접근성 | 20분 안에 걸어갈 수 있는가? |
| 편의성 | 화장실은 깨끗한가? 의자는 편한가? |
| 분위기 | 집중할 수 있을 만큼 조용한가? |
| 가격 | 자주 방문해도 부담스럽지 않은 가격인가? |
| 기타 | 정기 휴일이 있는가?<br>충전용 전기 코드가 충분히 있는가? |

## 공부할 장소를 분석하라

직장인들이 자주 활용하는 장소를 모아보면 카페, 도서관 열람실, 집, 독서실, 회사 등이 있다. 각 장소의 장단점과 활용법을 살펴보자.

카페는 비교적 분위기가 자유롭고 음료를 마시며 공부할 수 있어 가볍게 공부하기 좋다. 대부분의 동네에는 카페가 있으므로 접근성이 좋고 환경도 쾌적한 편이다. 그래서 문서 작업을 하거나 잠깐 동안 공부하기에는 적합하지만 오랫동안 공부하기는 불편하다. 카페는 진득이 집중하기엔 조용하지 않기 때문이다. 음악이 나오고 다른 사람들이 대화를 하는 환경에서 진득이 자리에 앉아 해야 하는 공부는 현실적으로 힘들다. 또 매일 커피를 사려면 경제적으로도 부담이 된다. 나는 주로 출장을 갔을 때 시간이 남거나 갑자기 대기 시간이 길어지는 경우, 또 휴일에 집에서 도저히 공부가 안될 때 집 주변 카페를 활용했다. 가급적이면 카페에서는 2~3시간 이내로 공부하는 것을 추천한다. 우리의 집중력은 생각보다 짧다.

도서관 열람실은 대부분 무료고 조용해서 오랫동안 공부하기 좋다. 그래서 내가 공부할 때 가장 많이 활용한 장소다. 보통 도서관 1층에는 구내식당이 있어 저렴하게 식사를 할 수도 있다. 도서관에 따라 신청을 하면 사물함도 이용할 수 있다. 다만 집 근처에 도서관이 없다면 오고가는 데 시간을 허비하게 되고, 오래된 도서관은 시설이 좋지 않은 경우도 있다. 또 도서관은 정기 휴일이 있으니 사전에 잘 확인해두어야 한다.

집에서 공부하기엔 유혹이 너무 많다. TV, 게임 등 온갖 유혹의 손길을 모두 뿌리치고 공부에만 집중하는 것은 쉽지 않다. 또 집에 있으면 좀 더 쉬고 싶기 마련이다. 때문에 나는 집에서 오랫동안 공부하는 것을 추천하지 않는다. 하지만 직장인의 경우, 퇴근 후 공부할 곳이 마땅치 않다. 매번 카페에 가는 것도 경제적으로 부담스럽고, 집에서 가까운 곳에 도서관이 없을 수도 있다. 이럴 때는 집만 한 곳이 없다.

집에서 공부할 때의 가장 큰 장점은 피로를 회복하면서 공부할 수 있다는 점이다. 마사지 기계를 켜둔 상태로 온라인 강의를 들을 수도 있고, 편한 자세로 소리를 내며 공부할 수도 있다. 집중력을 유지하며 집에서 공부할 수 있는 방법은 없을까? 내가 도움을 받은 방법을 여기에 공유한다. 집에서 공부할 때는 다음과 같은 생활 수칙을 정해두는 것이 좋다.

» **집에서 공부할 때 지켜야 할 생활 수칙**
- 공부하는 공간과 쉬는 공간을 분리한다.
- 너무 오랜 시간 집에서 공부하지 않는다.
- 하루에 한 번, 기분 전환 및 체력 관리를 위해 잠시 외출한다.
- 정해둔 시간 외에는 절대 컴퓨터나 TV를 켜지 않는다.

독서실은 쾌적하고 조용해서 높은 집중력을 유지하며 오랫동안 공부할 수 있다. 독서실은 일반적으로 정기 휴일도 없고 개방 시간이 길어 활용도가 높다. 그렇지만 가격이 부담스러워 매일 사용하기 어려운 직장인에게 적합한 장소는 아니다. 만약 하루 단위로 대여가 가능하다면 주말에 공부하는 용도로 활용하는 것을 추천한다. 나는 공인중개사 시험 준비를 마무리할 때 주말에는 독서실에 가서 공부했다.

회사에서 공부할 수도 있다. 회사 만큼 프린터기, 음료수 등 공부에 필요한 편의 시설이 구비되어 있는 곳도 없다. 하지만 가장 큰 문제는 내가 공부한다는 사실이 회사에 알려질 수 있다는 점이다. 나는 공부한다는 사실이 회사에 알려지는 것이 싫어서 가급적 회사에서는 공부하지 않았다. 점심시간에 자격증 시험을 공부할 때도 영어 공부를 한다고 말하며 공부하는 것을 숨기기도 했다.

늦은 시간까지 회사에 남아 있으면 해야 할 일이 늘어나기도 한다. 밤에 회사에 있다는 이유만으로 남의 일이 내 일이 될 수 있다. 그리고 퇴근하지 않고 사무실을 어슬렁거리며 남아 있는 나를 보고 '남아서 뭐 하냐', '야근하는 사람들끼리 술이나 마시자'고 하는 직장 동료를 만날 수도 있다. 그래서 회사는 공부하기 좋은 장소인 동시에 상당히 위험한 장소다.

직장인이라면 주중과 주말을 나누어 공부 장소를 선정하자. 나는 직장인이 되어 시험공부를 할 때 주중에는 주로 집에서, 주말에는 도서관 또는 카페에서 공부했다. 주중에는 퇴근 후 집에서 온라인 강의를 주로 들었고, 주말에는 카페와 집을 번갈아 활용했다.

또한 상황에 따라 공부 장소를 사전에 찾아두면 자투리 시간을 아낄 수 있다. 주말에 결혼식을 가거나 모임으로 외출을 했다가 다음 약속까지 중간에 시간이 남는 경우가 있다. 나는 사전에 시립 도서관들의 위치를 알아두었다가 시간이 남을 때면 도서관에서 공부를 하기도 했다. 자투리 시간에 어디서 공부할지를 미리 정해놓으면 고민할 시간을 아낄 수 있다.

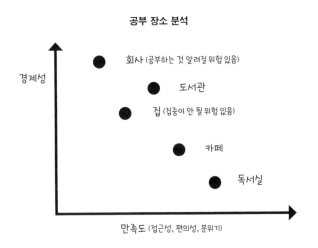

**공부 장소 분석**

# 제3장

# 가장 현실적인
# 직장인 공부법

# 한 번에 할 수 있는
# 공부량을 늘리는 방법 ✎

서점에 가서 전공 서적들을 보면 500페이지 미만인 경우가 거의 없다. 웬만한 자격증 시험들의 기본서는 다 상당히 두껍다. 컴퓨터 활용능력 1급 필기시험 대비용 책도 약 1,000페이지이고 공인중개사 1차 시험 대비 기본서도 한 과목당 700~800페이지 정도다. 뭐 하나 제대로 공부해보겠다고 결심하고 책을 샀는데, 시작부터 너무 많은 양에 의욕을 상실하게 된다.

직장인이 한 달 중 20일을 공부한다고 했을 때 하루에 50페이지를 보아도 1,000페이지가 되는 책을 한 번 보려면 족히 한 달이 걸린다. 게다가 주중에는 하루 3시간 이상 공부하기 어려운데 그 시간 내에 50페이지를 보는 것은 쉽지 않다. 결국 직장인이 기본서를 한 달에 한 권 보는 것은 불가능에 가깝다는 결론에 이르게 된다. 공부를 해도 진도가 나간다는 느낌이 들지 않으면 의욕이 점점 떨어진다. 그래서 직장인에게 '많은 공부량을 어떻게 관리하느냐'는 참 중요한 문제다.

한 번에 할 수 있는 공부량을 늘리는 문제를 해결하는 실마리는 '그 누구도 많은 양을 모두 기억할 수 없다'는 사실에서 출발한다. 책에 나와 있는 모든 내용을 다 이해할 필요는 없다. 결국 요약을 해서 핵심만 암기하면 된다. 그리고 의욕이 떨어지지 않도록 목표 공부량을 설정해서 공부량을 관리해나가야 한다.

### 모든 내용을 이해하겠다는 마음을 버려라

공부할 때 가장 많이 하는 실수가 한 번에 다 이해하겠다는 마음으로 책을 꼼꼼히 보는 것이다. 우리는 천천히 꼼꼼하게 읽으면 잘 이해하고 오래 기억할 수 있을 것이라고 착각한다. 때문에 이해가 잘 안 되면 몇 번이고 다시 읽어서 완벽히 이해한 뒤에 다음 단락으로 넘어가려고 한다. 하지만 그렇게 하면 할수록 하루에 공부할 수 있는 양은 점점 줄어들게 된다. 처음 보는 책을 너무 자세히 읽으면 속도가 느려지고, 그러다 보면 점점 지치게 된다. 한 번 읽어서 100퍼센트 이해하는 것은 사실상 불가능하니, 핵심만 이해하겠다는 마음가짐으로 책을 보자.

단락별로 시간제한을 정해두고 그 시간까지 다 읽지 못했으면 일단 그 페이지는 넘기자. 만약 2번 이상 읽었는데 머리에 의미가 잘 들어오지 않는다면 일단 그 문장은 넘겨야 한다. 처음부터 너무 지엽적인 내용까지 모두 암기하거나 이해하지 않아도 된다.

많은 사람이 '지금 당장 모든 것을 알고 싶은 마음'과 '이해하지 못하고 책을 덮을 때의 찝찝함' 때문에 이해가 되지 않는 문장을 반복해서 읽는다. 하지만 그 감정을 떨치기 위해 문장을 반복해 읽는다면, 진도는 밀리고 공부 의욕은 떨어질 것이다. 우리는 찝찝함을 없애기 위해 공부하는 것이 아니다.

만약 시험을 준비하고 있다면 경쟁자들보다 잘해야 한다는 압박감에 공부한 내용을 이해하지 못하는 나 자신과 마주하고 싶지 않다. 그러다 보면 진도를 나가지 못하게 된다. 어차피 오늘 반복해서 본다고 완전히 이해하기는 어렵고, 이해를 했다고 하더라도 시험 볼 때까지 기억할 수도 없다. 오늘 이해가 되지 않은 것은 다음 기회에 문제를 풀어보면 이해가 되기도 한다.

### 하루에 공부할 목표량을 정하라

하루에 공부하는 양을 늘리려면 사전에 목표 공부량을 정해서 보는 것이 좋다. 예를 들어 처음 공부할 때는 하루에 기본서 30~50페이지를 읽겠다는 목표를 세우고 무조건 하루에 그만큼 보려고 노력해야 한다. 서울대를 수석으로 졸업한 내 지인은 하루 목표량을 정해서 그 목표가 달성되지 않으면 집에 가지 않았다고 한다. 직장인은 그렇게까지 공부할 필요는 없지만 일단 목표를 정해서 공부해야 하루에 볼 수 있는 양을 점점 늘릴 수 있다.

목표량을 정해 공부할 때 주의해야 할 점이 있다. 사전에 중점을 두고 읽어야 할 부분을 생각하고 봐야 한다는 것이다. 그렇게 하지 않으면 투입한 시간 대비 기억에 남는 것이 없다. 책의 모든 문장을 동일한 강도로 읽으면 시간 대비 학습 효율이 매우 떨어진다. 처음 책을 읽을 때는 책에 나와 있는 핵심 내용을 일정 수준만 이해하는 것을 목표로 삼자. 모든 문장을 이해할 필요가 없이 핵심 단어만 익힌다는 생각으로 보면 나머지는 가볍게 읽고 넘길 수 있다.

또 목표 공부량은 현실적으로 정해야 한다. 우리는 무조건 해낼 수 있다는 긍정적인 마음으로 실제 하기 힘든 무리한 계획을 세우곤 한다. 이를 계획의 오류라고 한다. 계획의 오류란 주어진 과제를 완료하는 데 얼마의 시간이 필요한지 예측할 때, 낙관주의적 편향이 발생해 실제 계획이나 예상보다 과제를 끝내는 데 더 많은 시간이 걸리는 현상을 말한다.

심리학자 로저 뷸러는 학위논문을 앞둔 대학생들에게 언제까지 논문을 마칠 수 있는지 각각 최선과 최악의 시나리오를 예측해 보도록 했다. 학생들은 최선의 경우 24.7일, 최악의 경우 48.6일이 걸릴 것 같다 말했다. 그러나 결과적으로는 단 30퍼센트의 학생들만이 자신들의 예측 기간 내 논문을 마쳤을 뿐, 대부분의 학생은 무려 55.5일이 걸렸다고 한다. 최악의 시나리오보다 무려 일주일이 더 걸린 것이다. 공부량을 늘릴 때도 마찬가지다. 현재의 능력에 맞는 현실적인 목표를 정해야 한다. 목표에 맞춰 꾸준히 공부를 하다 보면 점점 하루에 볼 수 있는 양이 늘어난다. 공부량은 능력에 맞춰 점점 늘려 나가면 된다.

## 목차 중심으로 내용을 요약하라

하루 목표치 달성이라는 의욕만 앞서 무작정 책을 읽는다면 공부해도 남는 것이 없다. 목표 대로 공부하려면 목차를 중심으로 내용을 요약해보는 것이 좋다. 목차에 맞추어 오늘 본 내용의 핵심을 정리하는 연습을 하면 많은 내용을 줄이는 데 도움이 된다.

내용을 효율적으로 요약하기 위해서는 현재 내가 어디를 공부하고 있는지부터 알아야 한다. 한 권의 책에는 전반적인 흐름이 있다. 어느 문단에 적힌 내용이 잘 이해가 되지 않아도 전체 흐름 속에서 파악하면 어떤 의도로 적었는지 이해할 수 있다. 다음과 같은 글을 보자.

### 저자의 주장은 과연 타당한가

지식의 오류가 있다는 것은 사실에 반(反)하는 것을 주장하고 있음을 말한다. 이것은 저자의 지식 부족에 의하는 것이겠지만 원인은 그것만이 아니다. 원인이 무엇이든 간에 저자는 사실에 반하는 것, 있을 것 같지도 않은 것을 진실이라 하거나 크게 있을 수 있다고 상정(想定)하고 있는 것이다. 가지고 있지도 않은 지식을 가지고 있다고 주장하고 있는 것이다. 이러한 결점은 저자의 결론에 관계되는 경우에 한해서 지적하면 충분하다.

(중략)

지식의 부족과 오류라는 이 두 가지의 반론은 서로 관계가 있다고 할 수 있다. 지식 부족의 결과 잘못된 주장을 하는 일도 있으나, 지식에 오류가 있으면 그것은 지식이 없는 것과 마찬가지라 해도 좋다. 관련 지식이 부족하면 문제를 해결하거나 결론을 입증할 수가 없다. 또, 잘못된 가정에서는 잘못된 결론이나 인정하기 어려운 해결밖에 얻을 수 없다. 지식의 부족이나 오류는 저자의 전제를 그릇되게 한다.

이 글을 읽으면 문장이 상당히 어렵게 느껴진다. 하지만 이 문단이 '저자의 주장은 과연 타당한가'라는 소목차를 설명하는 단락인 것을 알고 읽으면 다르다. 소목차를 통해 해당 단락의 내용은 저자의 주장을 판단하는 방법에 대한 것임을 알 수 있다.

보는 횟수를 최대한 줄여서 공부하려면 요약을 잘해두어야 한다. 이땐, 누군가에게 설명하듯 풀어서 필기를 하는 방법이 효과적이다. 그래야 나중에 다시 보았을 때 핵심 내용을 쉽게 파악할 수 있기 때문이다. 앞글의 경우 '저자의 주장을 검토할 때의 주의사항이다. 결론에 관계되는 지식이 무엇인지 잘 살펴봐야 하는데, 지식에 오류가 있다면 근거가 없는 것과 같고 잘못된 지식은 잘못된 결론에 이르게 한다'로 정리할 수 있다.

시험을 준비하는 경우라면 시험에 출제되는 내용이 핵심이다. 책을 읽어본 뒤 시험에 출제된 문제를 풀어보면 어느 부분에 중점을 두고 정리해야 하는지 알 수 있다. 기출 문제에 나온 내용을 중심으로 요약해보면 보다 효율적으로 핵심 내용을 파악할 수 있다. 이처럼 목표 공부량을 정해 핵심적인 내용을 요약하는 과정을 반복하다 보면, 보다 많은 내용이 한번에 머릿속에 들어올 것이다.

## 많은 양을 공부하는 데 필요한 행동원칙

1. 평소에 읽는 양의 1.2배를 목표로 설정하라.
2. 시간제한을 정해 그 시간까지 다 읽지 못했다면 일단 그 페이지는 넘겨라.
3. 누군가에게 설명하듯 단락별로 요약하라.
4. 요약이 잘되지 않으면 그 부분만 다시 자세하게 읽어라.

# 절대 하지 말아야 할
# 암기 습관 ✎

국제재무분석사 레벨2 시험을 보러 갔을 때의 일이다. 시험장에 입실하기 전에 줄을 서 있었는데 내 바로 앞 사람이 빽빽한 필기와 밑줄로 가득한 두꺼운 책을 열심히 들여다보고 있었다. 딱 봐도 "나 공부 진짜 열심히 했어"라고 외치는 것이 느껴졌다. 그런데 문득 '저 사람은 저걸 다 외웠을까? 외울 수 있었을까?' 하는 의문이 들었다.

아무리 잘 이해한 내용이라도 암기하지 못했다면 시험에서 정답을 적기 어렵다. 반면 벼락치기로 공부한 내용일지라도 제대로 암기했다면, 당장 있을 시험에서 어느 정도의 성과를 기대할 수 있다. 암기력은 업무를 하는 데도 중요하다. 직장에서 소위 일을 잘한다는 소리를 듣는 사람들은 사소한 것까지 기억을 잘하는 경우가 많다. 반면 해야 할 일을 자주 잊어버린다면 실수를 할 가능성이 높다. 암기력은 업무와 공부의 역량을 좌우할 정도로 중요하다. 그런데 죽어라 암기해도 예상만큼 결과가 나오지 않는 경우가 있다. 어떻게 암기하느냐에 따라 성과가 달라지기 때문이다. 그럴 땐, 한번 고민해봐야 한다. 내가 다음과 같은 잘못된 암기 습관을 가지고 있는 건 아닐까?

## 무조건 베껴 쓴다

'깜지'라는 말을 들어 봤을 것이다. 일명 '빽빽이'라 불리는 이 공부법은 종이에 연필로 빽빽하게 단어를 써가며 암기하는 방식이다. 옛날에는 학교에서 숙제로 깜지를 시킨 적도 있었다. 그런데 일부 학생들은 깜지만 완성하고 전혀 실력이 늘지 않았다. 손으로 옮겨 적는 것에만 집중하고 암기할 내용을 머릿속에 기억해두려는 노력을 하지 않았기 때문이다. 단순히 깜지만을 만들겠다는 목표로 공부를 하면 팔만 아플 뿐, 공부한 시간은 길지만 기억에 남는 것은 전혀 없다.

## 문장 전체를 외운다

문장보다 단어를 기억하는 것이 암기하는 데 효과적이라고 한다. 실제로 뇌는 한번에 기억할 수 있는 양이 정해져 있기 때문에 최대한 군더더기 없이 암기하는 것이 좋다. 다음과 같은 문장이 있다.

이순신 함대는 음력 5월 7일 옥포(玉浦)에 이르러 3회의 접전에서 왜선 40여 척을 섬멸하는 큰 승리를 거두었다. 이순신은 전투의 공적으로 가선대부(嘉善大夫)로 승서 되었다. 음력 5월 29일 사천해전(泗川海戰)에서 적탄에 맞아 왼쪽 어깨에 중상을 입었으나 흔들림 없이 전투를 수행해 승리했다. 음력 6월 5일 당항포해전(唐項浦海戰)과 음력 6월 7일의 율포해전(栗浦海戰) 등에서 72척을 격침시켜 자헌대부(資憲大夫)를 하사받았다.

위 내용을 암기한다고 가정했을 때 전체 문장을 암기하려 한다면 많은 노력이 필요할 것이다. 따라서 효율적으로 암기하기 위해서는 공부하는 목표에 따라 핵심 단어를 선택해 이를 중심으로 암기해야 한다. 위의 글에서 이순신의 해전 순서와 업적을 암기한다는 목표로 핵심 단어를 선택해보자. 57 옥포, 가선대부, 529 사천, 65 당항포, 67 율포, 자헌대부 정도로 줄여 암기할 수 있다. 이렇게 하면 문단 전체를 암기하지 않고도 주요 내용을 쉽게 머릿속에 넣을 수 있다(단어 앞 숫자는 날짜를 의미한다).

### 한 번 외우면 다시는 보지 않는다

암기는 지루한 작업이다. 때문에 보통은 다 외웠다고 생각하는 순간, 더 이상 책을 보기 싫어진다. 하지만 독일의 심리학자 헤르만 에빙하우스에 따르면 사람의 기억은 1시간만 지나도 50퍼센트이상을 잊게 되고 7일이 지나면 80퍼센트를 잊어버린다고 한다. 아무리 철저하게 암기를 해도 결국엔 잊어버리기 마련이다. 따라서 암기 후에도 지속적으로 기억을 살리는 과정이 반드시 필요하다.

## 이해 없이 암기한다

무엇이든 어느 정도 이해가 전제되지 않으면 암기하기 어렵다. 전체적인 흐름을 알아야 연결된 개념들이 떠오르기 때문이다. 예를 들어 경제학에서 '시장 실패'를 공부하는 경우를 가정해보자. 당시엔 경제 주체들이 자유롭게 거래하면 최적의 결과(효율적인 자원배분)가 나타날 것으로 생각했지만, 실제 현실에서는 외부효과, 공공재 과소공급, 빈부격차 등의 문제가 발생했다. 이에 정부가 개입하여 각종 정책을 만들었으나 정책 집행 과정에서 의도치 않은 부작용이 발생해 정부실패가 발생했다. 이런 시장 실패의 흐름으로 이해한 후, 외부효과와 같은 세부적인 내용을 암기해야 한다.

어렵고 귀찮다고 해서 이해는 전혀 하지 않고 암기만 하려고 하면 실제 시험장에서 조금만 당황해도 머릿속이 하얘지고 아무것도 떠오르지 않을 것이다. 전체적인 내용의 연관성을 알아야 암기를 잘할 수 있기 때문에 마인드맵핑(내용을 분류하여 구조적으로 이어지도록 도식화하는 방법)도 추천하는 암기법이다.

의식적으로 암기하겠다고 노력하지 않는다면 공부한 시간이 모두 허사가 될 수 있다. 암기를 한 뒤에는 인출 학습(학습한 내용을 뇌를 통해 표출해보는 연습)을 통해 암기가 되었는지를 확인해봐야 한다.

반복해서 읽고 외우는 것보다 반복해서 인출해보는 것이 학습 효과가 좋다는 증거는 많이 있다. 퍼듀 대학 심리학과 연구팀이 80명의 학생들에게 어려운 해부학 개념들을 학습시켰다. 이틀이 지난 후 테스트를 했더니 정보를 인출하면서 학습을 한 경우, 공부를 반복해서 한 경우보다 거의 20퍼센트 정도 개념을 더 많이 기억하고 있었다고 한다. 이렇듯, 암기한 내용을 받아들이는 데 많은 시간을 쓰기보다 암기한 내용이 무엇인지를 생각해보는 데 집중해야 암기 효과를 높일 수 있다.

# 바쁜 직장인을 위한
# 효과적인 암기법

자주 반복하기, 문제 많이 풀어보기, 여러 번 써보기 등 사실 대부분의 암기 방법들은 시간과 노력을 쏟는 방법으로 이루어진다. 그러나 같은 내용을 반복해서 읽고 쓰는 방식으로 직장인들이 꾸준히 공부하기는 현실적으로 어렵다. 투입 시간과 노력을 늘려 암기를 하는 방법에서 직장인의 현실을 고려한 암기 방법으로 바꾸어야 한다.

암기 방법을 고민 하는 직장인들을 위해 내가 공부하면서 터득한, 혹은 주변 친구들이 사용하는 특이한 암기법을 소개하고자 한다. 이 역시 암기법이기에 기존 암기법과 크게 다르지 않지만 상황에 따라 암기 방법을 조금만 변형하면 시간 대비 높은 효율을 얻을 수 있다.

## 조사, 접속사, 당연한 내용은 제외하라

완벽한 문장을 외워야 하는 것이 아닌 이상 조사, 접속사와 같은 핵심 내용이 아닌 부분까지 암기할 필요는 없다. 뇌가 한번에 기억할 수 있는 양은 정해져 있으니 최대한 군더더기 없이 암기해야 한다. 예를 들어보자. '정부가 저소득층의 주거 안정을 위해 공급하는 국민임대주택의 임대료가 시장임대료보다 낮다면 임대료 차액만큼 임차가구에게 주거비를 보조하는 효과가 있다'는 문장에서 '저소득층의 주거안정을 위해 공급하는 국민임대주택'이라는 말은 당연하므로 암기하지 않는다. 대신 '임대주택 : 임대료＜시장가 =차액이 보조효과' 처럼 줄여서 암기한다.

## 'A는 B다'로 암기하라

복잡한 내용이라 하더라도 'A는 B다'의 문장으로 자르면 암기하기 편하고 암기량도 늘릴 수 있다. 예를 들어보자. '장기전세주택이란 국가, 지방자치단체, 한국 토지주택공사 또는 지방공사가 임대할 목적으로 건설 또는 매입하는 주택으로서 20년의 범위에서 전세계약 방식으로 공급하는 임대주택을 말한다.' 이 문장을 '장기전세주택은 국가, 지방자치단체, 한국 토지주택공사 또는 지방공사의 임대 목적이다', '장기전세주택은 20년 범위다'로 잘라서 암기하면 보다 머릿속에 넣기 편하다.

## 절반만 암기하라

어떤 요인이 다른 것에 영향을 미치는 경우 절반만 암기하라. 외우지 않은 절반은 그 반대이므로 따로 암기할 필요가 없다. 예를 들어, 경제학에서 '대체재의 가격이 상승하면 수요가 증가한다'는 사실을 암기하면, '대체재의 가격이 하락하는 경우 수요가 감소한다'는 사실은 굳이 따로 암기할 필요가 없다는 뜻이다.

## 내용이 있는 장소만 암기하라

내가 수행비서를 할 때의 경험이다. 수행비서 업무 성격상 여러 가지 분야의 내용을 많이 암기하고 있어야 업무를 빠르게 보좌할 수 있다. 모든 내용을 다 암기하고 있어 필요할 때마다 척척 대답할 수 있다면 좋겠지만 앞으로 한 달간의 스케줄, 수백 명의 직원 인사 정보, 매일 바뀌는 구체적인 업무 내용 등을 모두 암기하기란 현실적으로 불가능하다. 또한 보고의 내용은 정확해야 한다. 조금이라도 오류가 있으면 큰 문제가 발생할 수 있기 때문이다.

그래서 나는 분야별로 내용을 정리해 소지하고 다니다가 물어보는 것이 있으면 바로 찾아서 답을 했다. 여기서 중요한 것은 '물어 보는 내용이 어디에 있는지'를 암기하고 있어야 한다는 것이다. 내용이 있는 장소만 암기하면 가장 정확한 내용을 신속하게 답할 수 있다. 이때 포인트는 정확한 분류 기준을 만들어두고, 그 기준에 익숙해져야 한다는 것이다.

나의 경우 일정(오늘 일정, 1개월 일정), 오늘 필요한 자료, 인사파일, 언론 보도 스크랩, 특정 이슈별 기획 기사, 기관별 각종 연락처, 참고 자료 등으로 분류한 뒤 오늘 주로 필요할 것으로 예상되는 내용이나 예전에 한번 찾은 적이 있는 자료에 포스트잇으로 위치 표시를 해뒀다. 그 후 무엇이 어디에 있는지만 정확히 암기했다가 필요할 때 바로 찾아 보고를 했다.

이 방법은 서로 인과관계가 없는 다양한 분야의 내용을 암기해야 할 때 유용하다. 특히 직장인이 사이버 대학에 다니거나 회사에서 제공하는 온라인 강의를 이수해야 할 때 활용하면 좋다. 혹은 오픈북 시험에서 사용하면 효과적이다.

나는 주로 사이버 대학에서 시험을 볼 때 이 방법을 자주 활용했다. 오픈북 시험을 보기 전에 목차만 암기해두었다가 시험 문제를 보고 책에서 출제된 내용이 적힌 부분을 찾아서 답했다. 시험을 볼 때 책을 찾아볼 수 있다면, 굳이 공부한 내용을 암기하려고 노력할 필요는 없다. 어디에 무엇이 나오는지만 알고 있다면 시간 내에 문제를 풀 수 있다. 따라서, 이럴 때는 '필요한 내용이 있는 장소'를 암기하는 방법을 추천한다.

» **내용 위치 암기법의 장단점**

- 장점: 내용을 암기하지 않아도 빠르게 답을 할 수 있다.
- 단점: 분류 기준을 정리하는 데 시간이 필요하다.

**암기 방법에 따라 공부의 효율성이 달라진다**

## 키워드를 통해 내용을 연상한다

서울대 경제학부를 차석으로 졸업한 친구의 암기법을 소개해볼까
한다. 그는 수업 전에 진도 나갈 부분을 예습한다. 그리고 강의를
들으면서 교수님의 설명 중 핵심 단어만을 필기한다. 그리고 수업
이 끝난 뒤 필기했던 핵심 단어를 연결해 오늘 수업한 내용을 머릿
속으로 여러 번 반복한다. 다음 강의 때도 동일한 방식으로 공부하
되, 처음부터 오늘 수업한 내용까지 누적하면서 복습한다. 이 방법
으로 공부하면 핵심 단어를 통해 학습한 내용이 연상되어 짧은 시
간에 복습이 가능하다. 누적 방식으로 복습하면 앞선 내용을 자주
반복하게 되어 짧은 시간에 효율적으로 암기할 수 있다. 주의해야
할 점은 가급적이면 공부한 당일에 핵심 단어와 내용을 연결해놓

아야 한다는 점이다. 그래야 나중에 핵심 단어만 봐도 학습한 내용들이 쉽게 떠오를 수 있다. 온라인 강의를 들은 뒤, 일단 5분만 투자해 핵심단어가 무엇인지 체크해두면 다음에 볼 때 그 내용이 보다 쉽게 기억이 난다. 이 방법을 자세히 살펴보면 상당히 효율적이고 좋은 암기 팁들이 숨어 있음을 알 수 있다.

첫째, 야마구치 사키코의 『1등의 기억법』을 보면 가장 중요한 단어를 최소 5회 이상 반복하면 기억에 오래 남는다고 한다. 강의가 끝난 뒤, 그날의 핵심 단어를 여러 번 반복하면 그날 공부한 내용을 머릿속에 오랫동안 남길 수 있다.

둘째, 핵심 단어를 통해 오늘 공부한 내용 전체를 연상할 수 있다. 기억을 잘 떠올리기 위해서는 기폭 장치가 필요하다. 여기서 핵심 단어가 가장 큰 기폭 장치 역할을 한다. 핵심 단어를 암기하는 것만으로도 공부한 내용의 전체를 기억할 수 있다.

셋째, 핵심 단어 위주로 암기하면 매일 누적하며 복습해도 공부량이 적고 부담이 적다. 하루에 공부한 양을 핵심 단어 위주로 반복하면 30분 이내에 모두 볼 수 있을 것이다.

키워드 연상법은 특히 직장인들이 책이나 신문을 읽고 지식을 머릿속에 남기고 싶을 때 추천한다. 사람들과 대화를 하다 보면 생각은 나는데 정확한 용어나 단어가 기억나지 않아 한마디 할 수 있는 기회를 놓칠 때가 있다. 이때 여러 가지 책이나 신문을 읽고 난 뒤, 거기에 적힌 키워드와 몇 가지 사례를 정리해두기만해도 나중에 읽었던 내용들이 생각난다. 키워드가 기억을 위한 기폭 장치가 되는 것이다. 나는 경영학 도서나 자기계발서에 나오는 단어나 통계 수치, 사례들을 스마트폰에 몇 글자 적어두었다가 심심할 때 한 번씩 본다. 단어 위주로 적어서 내용에 비해 봐야 할 양은 적은 편이다. 사람들과 대화를 하는 중에 관련 내용이 언급되면 스마트폰을 꺼내 예전에 적어둔 것들을 살짝 꺼내 보고 기억을 살려 자연스럽게 대화에 참여할 수 있다.

그런데 이 방법을 잘 활용하려면 나에게 필요한 내용이 무엇인지, 책이나 강의의 핵심 내용과 단어가 무엇인지를 파악하는 능력이 필요하다. 공부를 해본 경험이 부족하면 핵심 단어를 파악하기 어려울 수 있다. 이 방법을 능숙하게 사용하기 위해서는 많은 연습이 필요하다.

» **키워드 연상법의 장단점**

- 장점: 적은 양을 암기하면서 많이 알고 있는 것처럼 보일 수 있다.
- 단점: 핵심 단어를 잘 파악하기 위한 꾸준한 훈련이 필요하다.

# 새로운 업무에
# 적응하기 위한 3-STEP 공부법

:
:

세금 관련 업무를 해보고 싶어 스스로 조세심판원에 지원했을 때다. 그런데 막상 옮기고 나니 관련 경력도 없고 아는 것도 없어 막막했다. 사실 이 막막한 느낌은 처음이 아니었다. 연수원을 수료하고 처음 국무조정실에 배치를 받았을 때도 그랬고, 장교로 임관한 뒤 첫 근무지였던 해군 본부에서도 막막했다. 이전에 들어본 적도 없는 용어들, 낯선 조직 문화에 적응하며 업무를 해내기 위해 많은 시행착오를 겪어야 했다. 이런 상황은 직장생활을 해본 직장인이라면 한번쯤은 겪어봤을 것이다. 잘 알려주는 선배나 직속상관을 만나면 행운이겠지만 실무에서 친절하게 알려주는 사람을 만날 확률은 낮다. 스스로 공부해야 한다.

조세심판원에 처음 배치를 받고 내 자리를 둘러보니 조세법전,

세법과 회계 관련 교과서, 실무해설서, 업무 편람, 처리해야 할 사건 자료 등이 있었다. 책들을 수직으로 쌓으면 내 키보다 클 정도의 양이었다. 이럴 때 뭐부터 해야 할까? 새로운 업무에 적응하기 위한 3-STEP 공부법을 소개한다.

### STEP1. 당장 필요한 지식을 파악하라

나는 새로운 업무를 맡으면 업무 편람부터 보는 편이다. 대충이나마 돌아가는 사정을 알기 위해서다. 오래 근무한 사람들은 이미 익숙해 업무 편람을 잘 읽지 않는다. 하지만 처음 일을 시작하는 경우에는 가장 포괄적이고 일반적인 내용을 담은 업무 편람을 보는 것이 좋다. 만약 업무 편람이 없다면, 업무와 관련된 규정이나 그 부서에서 과거에 주고받은 공문서들을 참고하자. 업무 규정이나 과거의 공문서를 살펴보면, 내가 앞으로 맡게 될 일들을 대략 파악할 수 있다.

그다음 관련 자료를 쭉 한번 읽으며 업무에 적응하기 위해 지금 나에게 필요한 지식이 무엇인지를 파악해야 한다. 조세심판원에서 필요한 공부는 당연히 세법 관련 공부다. 회계지식도 필요하지만 더 급한 것은 세법이었다. 그래서 어떻게 세법을 공부할지 고민하기로 했다. 이렇게 당장 공부가 필요한 지식을 파악했다면, STEP2로 넘어가자.

## STEP2. 급한 순으로 공부 순서를 정해라

새로운 업무에 적응할 때는 일단 급한 업무를 처리하며 익숙해져야 시행착오를 줄일 수 있다. 업무의 우선순위를 제대로 세우지 못하면, 이후 내가 감당할 수 없는 문제가 발생할 수도 있다. 업무에 미숙할수록 우선순위 파악도 미숙할 수 있으니, 가장 먼저 확인해두자.

업무에 필요한 공부도 급한 업무와 관련된 것부터 시작하면 좀 더 부드럽게 적응할 수 있다. 나는 심판원에 와서 배정받은 사건들 중 가장 시급하게 처리해야 할 것들을 모아봤다. 청구인이 빨리 처리해 줄 것을 요청했다던가, 너무 오래된 사건은 빨리 처리해야 한다. 따라서 이를 효과적으로 처리하기 위해 사건의 우선순위를 '시급, 보통, 천천히'로 나눠 업무를 구분하고, 업무별로 필요한 공부가 무엇인지 찾아 정리했다. 처음 업무를 익힐 때 가장 좋은 방법은 이전의 방법을 따라 하는 것이다. 모르는 내용은 과거에 처리한 유사 사건들의 자료에서 찾아 공부했다. 이전 자료에서 찾을 수 없는 것들은 따로 공부를 해야 하는데 업무 편람이나 각종 교과서, 실무해설서를 찾아보면 도움이 된다.

## STEP3. 업무에 필요한 지식은 반드시 따로 정리하라

공부를 하면서 업무에 도움이 되는 내용을 따로 정리해두면 반드시 써먹을 일이 생긴다. 상사에게 보고할 때 참고 자료로 활용할 수도 있고, 기억에 나지 않을 때 쉽게 찾아볼 수도 있다.

경제정책관실에서 근무할 때의 일이다. 신문을 보다가 CDS(Credit Default Swap, 신용부도 스와프)라는 용어가 나와서 주말에 그 내용을 따로 정리해둔 적이 있었다. 이것은 간단히 말하자면 부도로 인해 채권이나 대출 원금을 받지 못하게 되는 경우를 대비하는 일종의 보험을 뜻하는 용어였다. 어느 날 갑자기 국장님이 와서 신용부도 스와프에 관한 내용을 물어보셨고, 공부하면서 정리해둔 내용으로 보고서를 만들어 설명을 했다.

이처럼 공부한 내용이 보고서에 직접 넣을 만한 내용이라 판단되면 문서로 반드시 문서로 저장해두자. 그리고 해당 내용이 업무에 도움이 되는 내용은 해설서나 본인에 반드시 표시를 해두는 것이 좋다. 하나씩 정리해 모아두기 시작하면, 보다 업무 속도를 높일 수 있기 때문이다. 이처럼 무턱대고 공부하기보다 업무에 맞추어 공부하면 새로운 일에 빨리 적응할 수 있다.

## 업무에 효율적으로 적응하기 위한 3-STEP 공부법 ✎

STEP1. 당장 필요한 지식을 파악하라.
STEP2. 급한 순으로 공부 순서를 정해라.
STEP3. 업무에 필요한 지식은 반드시 따로 정리하라.

# 공부하기 싫을 때
# 공부하는 법 ✏️

새해 결심은 대부분 작심삼일이 된다. 공부도 마찬가지다. 공부하 겠다는 다짐 아래, 과연 우리는 실제로 얼마나 공부할까? 노는 것 은 하지 말라고 해도 하는데 왜 공부는 하려고 해도 잘 안 될까? 단 순히 공부는 재미없기 때문이다. 사실 공부를 잘하는 사람도 대부 분 공부가 재미있어서 하는 것은 아니다. 공부를 꾸준히 잘하기 위 해서는 처음 시작할 때 생기는 거부감을 이겨내야 한다. 거부감을 극복하면서 눈에 보이는 성과가 나오면 비로소 공부에 재미를 느 끼게 되고 더 잘하게 된다. 반면 거부감을 극복하지 못하면 실력이 정체되고 점점 더 공부하기 싫어지면서 재미를 느끼지 못하는 악 순환에 빠진다.

공부는 이래서 하기 싫다

왜 공부하기 싫은지 파악하면 이번 주제의 해결책을 생각할 수 있다. 일반적으로 우리가 공부하기 싫어지는 이유는 다음과 같다.

먼저, 양이 많다. 책을 구매했는데 너무 양이 많고 글씨가 빡빡하게 적혀 있으면 공부할 맛이 안 난다. 책을 사서 하루 동안 10페이지를 읽었는데 전체가 700페이지라면 '이거 언제 다 읽지?' 하는 생각부터 하게 된다. 막막한 감정을 느낄수록 공부하기 싫어진다.

둘째, 수식이나 익숙하지 않은 용어가 많다. 익숙하지 않은 용어나 수식을 보면 생소한 느낌이 든다. 이는 공부에 대한 거부감으로 이어진다. 예를 들어 경제학에 '한계효용 체감의 법칙'이라는 용어가 있다. 한계효용 체감의 법칙이란 한 재화의 소비를 늘리면 점점 그 소비에서 느끼는 만족도가 낮아지는 현상을 말한다. '한계'니 '효용'이니 하는 말이 낯설고 어렵지만, 예를 들어 생각하면 상식적으로 충분히 이해할 수 있다. 특정 음식을 많이 먹을수록 질리는 것. 이것이 그 예다. 실은 별것 아닌 내용인데 익숙하지 않은 용어 때문에 어렵게 느껴진다.

셋째, 사전 지식이 많이 필요하다. 한 과목을 원활하게 공부하기 위해 사전에 알고 있어야 하는 지식이 많다. 사전 지식을 모두 공부하자니 시간이 오래 걸려 엄두가 나질 않고, 사전 지식을 공부하지 않고 시작하자니 이해가 잘 되지 않아 더욱 재미를 붙이기 어렵다. 예를 들어 회계학, 상법 관련 지식을 알면 세법을 공부하기가 편하다. 하지만 지금 세법을 공부하기 위해 회계학과 상법을 공부기엔 시간이 너무 오래 걸린다. 그렇다고 바로 세법학 책을 보면 이해가 잘 안 되니 공부를 포기하고 싶어진다는 것이다.

마지막으로 왜 해야 하는지를 모르겠다. '살아가는 데 전혀 도움이 안 되는 내용인 것 같은데 내가 왜 이런 공부를 해야 하지?'라는 생각이 들면 공부가 안 된다. 예를 들어 수학에서 극한값이라는 개념이 나온다. 무한수열 $a_n$에서 $n$이 무한히 커짐에 따라 $a_n$이 일정한 $b$값에 한없이 가까워지면, 이를 극한값이라고 한다. 왜 이런 것을 공부해야 하는가 하는 의문이 생기면 공부하기 싫어지게 된다.

## 하기 싫은 공부, 거부감을 극복하는 3가지 방법

앞서 공부가 하기 싫어지는 원인을 살펴봤으니, 이젠 그 원인들을 해결해 거부감을 극복해볼 차례다. 내용이 생소해서 거부감이 생기는 경우라면, 공부를 시작하는 순간이 가장 중요하다.

첫째, 열심히 해보겠다는 초반의 결심을 이용해서 최대한 빨리, 그리고 많이 학습하려고 노력해야 한다. 케이크 하나를 여럿이서 나눠 먹듯 공부도 많은 양을 나누어야 쉬워진다. 그러니 두꺼운 책 앞에서 막막해하기보다 우선 이 책을 언제까지 다 볼 것인지 구체적인 목표일을 정하자. 그리고 양을 어떻게 배분해야 하는지 매일 봐야 하는 분량을 정해보자. 그래야 두꺼운 책 앞에서 느끼는 막막함을 조금이라도 줄일 수 있다.

둘째, 끝까지 공부하려 노력하자. 구체적인 계획을 세워 공부할 때 가장 주의해야 할 사항은 중간에 그만두지 않고 계획대로 끝까지 공부를 해야 한다는 것이다. 이해가 잘되지 않는 부분이 있다면 일단 읽고 넘기자. 끝까지 다 본 뒤에 다시 보면 이해가 되는 경우가 의외로 많다. 중간에 포기하지 않고 처음부터 끝까지 완벽히 한 번을 다 읽는 것이 중요하다.

셋째, 학문의 체계를 잡기 위해 용어에 익숙해지자. 용어에 익숙해지면 그 학문에서 설명하는 방식들을 수월하게 이해할 수 있고, 그러면 실력이 향상돼 성취감과 재미도 느낄 수 있다. 예를 들어 경제학에서는 '한계효용', '한계비용'과 같은 용어를 사용한다. 한계효용은 '지금부터 하나 더 재화를 소비한다면 얻는 효용'이고, 한계비용은 '지금부터 하나 더 생산물을 생산한다면 추가되는 비용의 증가분'이다. 즉, 한계의 개념을 쉽게 말하면 '지금부터 하나 더 무엇을 한다면'인 것이다. '한계'라는 개념에 익숙해지지 않으면 경제학을 공부하는 내내 어려움을 겪게 될 것이다. 이러한 학문의 기초 개념에 빨리 익숙해져야 공부하기 편하다.

특히 공부를 해도 능률이 오르지 않는 시기(정체기)를 잘 극복해야 한다. 공부를 하다 보면 실력이 향상되지 않는 시기가 있기 마련이다. 그때 포기하면 처음부터 다시 공부를 해야 할 수 있으니 일단 한 번은 끝까지 다 보려는 노력이 필요하다.

앞의 방법들이 다 통하지 않았다면? 최후의 방법은 '일단 하고

본다'는 마음으로 공부하는 것이다. '공부를 왜 해야 하지?', '공부를 하면 과연 잘될 수 있는 걸까' 또는 '공부가 너무 지겹다' 같은 생각 자체를 하지 않는다. 이해가 안 되면 일단 외운다는 마음으로, 문제가 풀리는 수준까지만 공부하겠다고 결심하자. 이 공부를 통해 얻는 과실은 다 끝나고 따져보기로 한다. 무식한 방법으로 보일 수도 있지만, 내 주위를 보면 성취도가 높은 사람들이 의외로 이런 마음으로 공부하는 경우가 많았다. 생각을 단순하게 해야 집중력이 높아진다. 하기 싫다고 느끼는 감정조차도 공부에 방해가 된다. 어차피 정한 목표고 반드시 달성하겠다고 결심했다면 묵묵히 최선을 다하는 것이 가장 중요하다.

# 공부 시간을 단축시키는 독서 기술 ✏️

독서는 우리의 생각을 바꾸고 의식을 확장시켜주는 최고의 자기계발이다. 또 책을 읽지 않는 인생보다 책 읽는 인생이 즐거우며, 책을 읽으면 정해진 운명보다 조금 더 나은 삶을 살 수 있다고들 한다. 독서가 좋은지 모르는 사람이 있을까 싶지만, 바쁜 직장인들에게 독서는 너무 힘든 일이다. 성인들의 독서량이 점점 감소하고 있다는 것이 당연하게 느껴지기도 한다.

나는 학창 시절에는 끝까지 다 본 소설책 한 권이 없을 정도로 독서가 힘들었다. 그러나 공부를 하기 위해서는 책을 읽어야 했고, 공부를 잘하기 위해서는 어느 정도 책을 보는 데 익숙해져야 했다. 좋은 독서 방법이 많겠지만, 여기서는 공부를 하는 데 필요한 최소한의 독서 기술에 대해 설명하고자 한다.

공부를 위한 독서는 핵심 내용을 파악해서 요약정리하는 것이다. 핵심 내용이 무엇이고 반드시 숙지해야 할 단어가 무엇인지 파악할 수 있어야 제대로 공부를 한 것이다. 여기서 핵심 내용은 '이 단원에서 무엇을 말하고자 하는지'다. 시험을 준비한다면 문제에 나올 만한 단어가 핵심 단어다. 다음 단락을 보자.

> 수요의 가격탄력성이 클수록 가격의 변화에 수요량이 민감하게 반응한다는 것을 의미한다. 가격이 조금만 올라도 수요량이 급격하게 감소하는 경우 수요의 가격탄력성이 크고, 가격이 많이 올라도 수요량의 변화가 적은 경우를 가리켜 수요의 가격탄력성이 작다고 한다. 수요의 가격탄력성이 1보다 큰 경우를 '탄력적'이라고 하고, 1보다 작은 경우를 '비탄력적'이라고 한다.

이 단락의 핵심 내용은 '수요의 가격탄력성의 의미'다. 핵심 단어는 '탄력', '가격의 변화', '수요량의 민감 반응', '크면 탄력적' 정도가 된다. 핵심 단어를 파했다면 그 단어를 최대한 자신에게 익숙한 개념으로 이해하려고 노력해보자. '탄력성'이라는 단어가 익숙하지 않다면 '탄성이 좋은 용수철'을 떠올려본다. 하나의 자극(손으로 용수철을 누르는 행위: 가격 변화)에 얼마나 크게 반응(용수철이 튀어오름: 수요량의 변화)하는지를 탄성으로 연결해 생각해보면 이해가 빠르다.

## 강의를 활용해 읽어라

모르는 내용을 처음 공부할 때는 책에 적힌 내용을 혼자서 이해하려면 시간이 많이 걸린다. 처음 보는 경제학 기본서를 혼자 읽으면 하루에 10페이지도 보기 어려울 것이다. 이럴 때는 온라인 강의를 활용하는 것이 좋다. 독서는 글자를 눈으로 보면서 뇌가 글자를 인지하고 의미를 이해하는 과정이다. 생소한 개념일수록 말로 한 번 들으면 훨씬 빨리 이해할 수 있다. 온라인 강의를 영화 예고편 정도로 생각하자.

이 방법이 효과를 보려면 반드시 강의를 들은 직후에 책을 읽어야 한다. 쉽게 번 돈은 쉽게 쓰듯이 쉽게 이해한 내용은 쉽게 기억에서 사라진다. 공부도 마찬가지다. 강의를 들으면 다 이해했다는 생각이 들지만, 강의로 이해한 내용은 금세 머릿속에서 사라진다. 책에 나온 글자를 보고 스스로 의미를 추출해내는 과정이 없었기 때문이다. 그래서 반드시 강의를 들은 직후에 다시 책을 보며 이해하는 과정이 필요하다.

글자만 읽는 게 아니라 그 속에 담긴 의미를 읽어야 한다. 강의에서 이야기한 의미가 책 어디에 있는지를 파악해야 한다. 오늘은 강의에서 설명한 것만 읽는다고 생각해도 된다. 만약 강의를 활용하기 어려운 상황이라면 서론과 목차를 통해 비슷한 효과를 얻자. 서론과 목차를 통해 전체적인 내용이 무엇인지를 예상해보고 책을 읽으면 좀 더 빠르게 전체 내용을 파악할 수 있다.

단락마다 역할이 있다. 핵심 내용을 설명하는 문단도 있고 핵심 내용의 부연 설명을 하거나 예를 들어 설명하는 단락도 있다. 책에 있는 모든 단락이 동일한 수준으로 중요하지는 않다. 시험에 잘 나오는 부분이 있고 아예 안 봐도 무방한 부분도 있다. 따라서 단락별 내용의 중요도를 파악해두고 리듬을 타며 읽는 연습을 해야 한다. '리듬을 탄다'는 것은 중요한 것은 자세히 보고 덜 중요한 것은 빠르게 보면서 독서에 완급을 주는 것을 의미한다.

단락의 중요도에 따라 읽는 속도를 조절해야 긴장감을 유지하며 책을 읽을 수 있다. 단락 제목 옆에 그 단락을 어떻게 읽어야 하는지를 기록해두면 좋다. 예를 들어 암기를 많이 해야 하는 부분이면 '암기해야 할 부분, 자주 반복할 것!'이라고 적고 중요하지 않은 부분이면 '빨리 읽고 넘길 것'이라고 적는다.

어떻게 읽어야 하는지를 모르고 공부하면 시간 대비 좋은 성과를 얻기 어렵다. 독서의 효율성이 떨어지면 공부가 재미없다고 느껴진다. 반면 책을 통해 자신의 실력과 가치가 올라간다고 느끼는 순간, 책에 더 빠져들게 될 것이다. 여기서 설명한 독서 기술은 공부하는 데 필요한 최소한의 방법이다. 공부를 하면서 자신만의 독서 방법을 더 만들어나가길 바란다.

# 실력 향상의 비밀,
# 한계를 뛰어넘는 법 ✏

웨이트트레이닝을 해본 사람은 안다. 더 이상 덤벨을 들지 못할 것 같을 때, 여기까지가 한계라고 느낄 때, 한 번 더 덤벨을 드는 그 순간 근육이 강화된다. 공부도 마찬가지다. 더 이상 할 수 없을 것 같은 한계의 순간은 바로 기회의 순간이기도 하다. 우리 몸과 마음처럼 실력도 한계를 넘는 경험을 통해 성장한다.

### 미친 듯이 반복하면 책을 보는 눈이 달라진다

나는 중학생 시절, 문제집이 없어서 교과서와 필기 노트만으로 시험공부를 했다. 그러다 보니 실제 시험에서 예상하지 못한 유형의 문제를 만나면 당황하기도 하고 자잘한 실수도 생겼다. 교과서와 노트만으로 이 문제를 해결할 수 있을까? 어린 마음에 도전해보고 싶었다. 그래서 세운 대책은 교과서와 노트를 보는 횟수를 급격하게 늘리는 것이었다.

당시 나는 '교과서를 아예 다 외워버린다면 실제 시험에서 실수하지 않을 것'이라고 생각했다. 그래서 그때부터 나는 교과서를 20번 정도 반복해서 보았다. 10번이 넘어가니 슬슬 한계가 오기 시작했다. 하지만 더 이상은 못 보겠다는 생각이 들 때 한 번 더 봤고, 이제 진짜 못 보겠다 싶을 때 다시 한 번 더 보았다. 그렇게 했더니 시험에서 확실히 실수가 줄어들기 시작했다. 반복의 효과는 그뿐이 아니었다. 우선 책을 읽는 속도가 빨라졌다. 더 나아가 책을 보는 눈 자체가 좋아졌다. 교과서에서 어느 부분이 핵심이고 더 주의 깊게 봐야 하는지 파악할 수 있게 되었다. 덕분에 공부하는 시간은 줄었는데 성적은 꾸준히 유지되었다. 고등학교에 가서도 좋은 내신 성적을 유지할 수 있었다. 미친 듯이 반복해본 경험이 책을 보는 능력을 키운 것이다.

반복하는 것은 지루하고 힘들다. 매번 한계에 부딪친다. 하지만 우리가 생각하는 것 이상으로 그 효과는 크다. 미친 듯이 반복해보자. 책을 보는 감각이 향상될 것이다.

### 모든 문제를 풀어보면 최소한의 점수는 보장받는다

고등학교 3학년 때 나는 대학 수학능력시험 대비 모의고사를 보면 수리탐구, 사회탐구, 과학탐구 그리고 외국어영역에 비해 언어영

역의 성적이 좋지 않았다. 시험 보는 날의 컨디션에 따라 점수 기복도 심했다. 그래서 주요 학원들에서 출제하는 전국 모의고사 문제를 '모두' 풀어보기로 결심했다. 그 당시 서점에 가면 모의고사 문제를 월별로 제본해서 판매하고 있었기 때문에 그것들을 모조리 사서 풀어봤다.

그렇게 하다 보니 학원별로 문제를 출제하는 스타일이 보이기 시작했다. 나중에는 문제만 보아도 어느 학원에서 출제한 것인지 알 수 있게 되었다. 그러면서도 결국 출제되는 방식이 한정되어 있다는 것을 느꼈다. 출제되는 지문의 전체적인 경향도 파악할 수 있었다. 심지어 앞으로 어떤 지문이나 내용이 출제될지도 조금씩 보이기 시작했다. 이렇듯 가능한 많은 문제를 접할수록 문제를 보는 눈, 공부하는 눈은 자연히 생겨난다.

## 책의 목차를 완전히 암기하면 그 과목의 체계가 보인다

행정고시를 준비할 때, "고시에 합격하려면 자다가 일어나서도 기본서의 목차를 적어낼 수 있을 정도로 책을 봐야 해"라는 말을 대학 선배들에게서 들은 적이 있다. 처음 그 말을 들었을 때는 그렇게까지 해야 하나 싶었는데 이후 행정고시를 공부하면서 그 말의 뜻을 알게 되었다.

목차를 암기한다는 것은 과목의 체계를 이해한다는 의미이기도 하다. 과목의 체계와 흐름을 알아야 서술형 주관식 공부에 대비할 수 있다. 목차를 일부러 암기하는 것이 아니라 공부하는 과정에서 자연스럽게 암기가 되는 것이다. 한번 체계를 잡으면 응용이 필요한 시사적인 내용을 묻거나 새로운 개념을 공부하게 되어도 배운 체계에 근거하여 이해할 수 있었다.

더 나아가 체계를 안다는 것은 그 과목의 전반적인 흐름을 잡고 있다는 것이다. 목차를 의식하면서 공부하면 자연스럽게 목차가 외워진다. 이때 목차를 더 확실히 외워서 백지에 적어보자. 그리고 목차에 해당하는 내용을 요약해서 정리해보자. 그러면 어떤 식으로 그 과목의 이야기가 흘러가는지 알 수 있다.


### 한계를 넘어 공부하면 집중력이 극대화된다

내가 국제재무분석사 레벨1 시험을 준비했을 때, 운 나쁘게도 회사에 업무가 많아 공부할 시간이 매우 부족했다. 때문에 어쩔 수 없이 시험 전날 저녁까지 일을 하고 밤을 새워가며 공부했다. 그러고 나니 다음 날 시험장에서는 어깨가 너무 아프고 컨디션이 좋지 않았다. 그런데 희한하게도 긴장감과 집중력은 오히려 극대화되었다.

긴장감과 집중력이 최고조인 그 상태에서 시험지를 받으니 감독관의 목소리나 다른 소음은 잘 들리지 않고 시험지의 글자가 하나하나 내 눈에 박히듯 들어왔다. 시험에 완전히 몰입된 상태, 일명 '플로(flow) 상태'를 경험한 것이다. 플로 상태란 이케다 요시히로의 『뇌에 맡기는 공부법』에 소개된 개념으로, 다른 것은 생각하

한계를 넘어야 실력이 향상된다

지 않고 눈앞의 것에만 집중해 높은 성과를 발휘할 수 있는 심리 상태를 말한다.

플로 상태에서는 오직 내가 집중하고자 하는 것에 온전히 집중할 수 있고 특별히 생각하지도 않았는데 어떻게 하면 좋을지가 머릿속에 떠오른다고 한다. 야구선수에게는 공이 멈춰 있는 것처럼 보이고 축구선수에게는 패스를 해야 할 방향이 선으로 보이기도 한다. 시험장에서 플로 상태를 경험하면 자신의 실력을 최대치로 발휘할 수 있다. 한번 플로 상태를 경험하고 나니 다른 시험을 볼 때도 비슷한 경험을 할 수 있었다. 시험을 볼 때 집중력 자체가 좋아진 것이다.

공부를 하다 보면 집중이 잘되지 않는 경우가 많다. 그러나 집중력도 노력으로 향상될 수 있다. 여기까지가 한계라고 느끼는 순간 조금만 더 해보자. 그때가 바로 플로 상태를 경험할 수 있는 기회다. 내가 이렇게 할 수 있었던 것은 내가 특별한 사람이어서가 아니다. 나 역시 수없이 한계에 부딪혔다. 그러나 그 고비를 넘으면 반드시 성장한다는 것을 경험을 통해 배웠을 뿐이다. 여러 번의 한계를 극복해내는 과정에서 공부하는 능력이 향상된다. 쉬운 시험을 여러 개 합격하는 것보다 나에게 버거운 시험을 하나를 준비해 한계를 넘어보는 것이 실력을 향상시키는 데 더 효과적이다. 진정으로 합격하고 싶은 큰 시험에 도전해서 한계를 깨뜨려보자.

물론 과정은 외롭다. 트레이너가 옆에서 코치를 해줄 수는 있지만 덤벨을 들어 올리는 건 어느 누구도 아닌 나 자신이다. 그러나 그것을 해낸 뒤의 성취감 또한 온전히 나의 것이다.

# 공부 습관을 만드는
# 직장인 일상생활 관리법 _✎

"이제 체력이 달려서 공부는 못하겠어", "나이가 드니 돌아서면 잊어버리네" 직장인에게는 너무나 익숙한 말들이다. 직장생활을 오래하면 할수록 기억력이 떨어져 공부해도 금방 잊어버리는 것 같고, 체력도 떨어져 책상에 앉아 책을 보면 금방 졸음이 몰려온다. 와다 히데키의 『남은 50을 위한 50세 공부법』을 보면 일반적으로 의욕은 50대 중반부터 저하되기 시작되고 인지 능력은 50세 전후로 퇴행하는 경향이 있다고 한다.

나이가 들면 어떻게 생활하느냐에 따라 공부의 효율성이 달라짐을 피부로 느낄 수 있다. 주변에서 공부에 도움이 되는 팁이라며 이런 저런 생활 관리법을 알려주기도 한다. 이제는 중구난방인 팁이 아니라 꼭 필요한 생활 관리법, 그 핵심만 기억하자!

## 수면 시간을 지켜라

전문가들은 보통 사람은 적어도 6시간 이상 자는 게 좋다고 한다. 나도 직장에 다니며 공부를 하지만, 가급적이면 평균 6시간 이상 잠을 잔다. 이보다 적게 자면 퇴근한 뒤 너무 피곤해 책상에 앉아 있기조차 힘들다. 실제로 필요한 수면 시간보다 1시간 적게 자면 그다음 날 업무나 학업 효율이 30퍼센트 떨어진다고 한다. 시험 전날 급하게 밤을 새워서 공부해야 하는 상황이 아니라면 6시간 이상은 밤에 잠을 자는 것이 좋다. 직장인의 공부는 꾸준함이 중요하다. 잠을 줄이며 공부하는 방법보다는 잠을 지키며 밀도 있게 공부하는 방법을 생각해야 한다.

수면량뿐만 아니라 언제 자고 언제 일어나는지도 중요하다. 나는 오후 11시 30분~12시에 자고 오전 6시 30분~7시에 일어나는 것을 추천한다. 약 94퍼센트의 사람들이 밤 11시에 잠을 자고 다음 날 아침 6~7시간 무렵 일어나는 생체 주기를 가진다고 한다. 새벽 2~3시에 자는 생체 시계를 가진 사람은 약 5퍼센트, 저녁 9~10시에 자서 새벽 3~4시에 일어나는 생체 시계를 가진 사람은 약 1퍼센트라고 한다. 대부분의 사람들은 밤 11시에 자는 생체 주기를 갖고 있다. 본인의 생체 주기에 맞는 생활 습관을 유지해야 공부할 체력을 관리할 수 있다.

## 아침에 쉽게 일어나는 법

잘 자는 것도 중요하지만 잘 일어나는 것도 중요하다. 나도 늦잠이 많아 대학생 때는 오전 수업은 아예 수강 신청을 하지 않은 적도 있었다. 직장을 다니기 시작하면서 출근하려면 어쩔 수 없이 일찍 일어나야 했기에 여러 가지 방법을 써봤다.

먼저 기상 목표 시간보다 20분 일찍 알람을 한 번 설정하고 기상 목표시간에 알람을 하나 더 설정한다. 먼저 일어나려는 시간뿐 아니라 그보다 20분 빠른 시간에도 알람을 설정해두는 것이다. 예를 들어 오전 6시 50분에 기상하고자 한다면 6시 30분에 알람을 설정하고 6시 50분에 두 번째 알람을 설정한다. 6시 30분의 알람 소리로 일단 한번 희미하게 잠에서 깬다. 좀 더 누워 있다가 6시 50분의 알람 소리에 완전히 깨면 개운하게 일어날 수 있다. 깊은 수면 중 갑자기 큰 소리에 깨면 머리가 아플 수 있다고 한다.

그리고 전날 먹고 싶은 음식을 사둔다. 아침에 일어나면 이불 밖은 위험하니 침대 밖으로 나가기가 싫은데, 먹고 싶은 음식이라도 있으면 보다 쉽게 몸을 일으킬 수 있기 때문이다. 내가 일어나면 가장 먼저 하는 일은 일단 먹는 것이었는데, 무엇인가 먹으면 확실히 잠에서 깰 수 있었다. 먹는 것은 언제나 가장 큰 동기부여가 된다. 이후 샤워나 세수를 하면 잠에서 완전히 깰 수 있었다.

### 뇌를 움직이는 생활 습관을 만들어라

뇌 활성화와 수분 공급의 상관관계를 검증한 연구 결과에 따르면, 뇌는 80퍼센트가 수분으로 구성되어 있기에 물만 잘 마셔도 지적인 활동 능력이 향상된다고 한다. 또 견과류에 많이 들어 있는 불포화지방산은 뇌가 건강하게 움직이는 데 꼭 필요한 중요한 영양소라고 한다. 이런 정보들을 모아 평소 뇌를 움직일 수 있는 생활 습관을 만들자.

나도 뇌의 활성화를 위해 공부를 할 때 물을 많이 마신다. 그리고 수분 섭취를 통해 체온을 조절한다. 일반적으로 성인에게 권장되는 수분 섭취량은 하루 2리터 정도라고 한다. 매일 2리터의 물을 마시겠다 다짐하고 더울 때는 찬물을, 추울 때는 따뜻한 물을 마셔서 체온을 일정하게 유지하는 습관을 형성해보는 것도 좋다.

### 매일 가볍게 운동하라

걷기와 간단한 체조는 뇌에 자극을 줘 각성도를 높여주고 러닝은 기억력을 높여 준다. 고대 그리스에서도 걷는 것은 뇌를 활성화시킨다는 것이 유명해서 당시의 천재들도 이를 실천했다고 한다. 나도 공부할 때는 매일 주변 운동장이나 피트니스 센터에서 15분 이상 달리기를 한다.

# 공부하는 것을
# 회사에 비밀로 해야 하는가?

:

직장인이라면 공부하는 것을 회사에 알려야 할 것인가 한번쯤 고민해봤을 것이다. 만약 이직을 생각하고 현재 업무와 전혀 관련이 없는 공부를 한다면 당연히 숨겨야겠지만, 자기계발을 위해 영어 공부를 하거나 자격증 시험을 준비하는 경우에는 애매하다. '공부 한다고 말했다가 업무를 소홀히 한다고 생각하면 어쩌지?', '이직을 준비한다고 오해받는 것은 아닐까?' 이런 고민들이 끊임없이 생긴다.

### 초반에는 가급적 비밀로 하자
업무와 직접적으로 관련이 있는 공부를 제외하고는 공부를 시작한 초반에는 비밀로 하는 것이 좋다. 나는 새로운 업무에 적응하는 데 필요한 공부와 영어공부를 제외하고는 모든 공부를 회사에 비밀로 했다. 일단 회사 동료들이 공부를 시작했다는 것을 알면 왜 공부를 시작했는지부터 시작해서 끊임없는 질문 세례를 받을 수 있다. 여기에 일일이 다 답변을 하는 것 자체가 너무 귀찮은 일이다.

직장인이 시험공부를 시작했다면 초반에는 완주할 수 있을지 여부가 불확실하다. 공부를 하다가 맞지 않아 그만둘 수도 있는데, 공부하는 사실을 알렸다가 이후 포기했을 때 끈기 없는 사람으로 비춰질 수도 있다. 그러니 가급적이면 일단 공부를 시작한 초반에는 회사에 숨기는 것이 좋다.

### 상황별 질문 대처법

회사에서는 가급적 공부를 하지 않는 것이 좋지만, 시간을 아껴 공부하려면 자투리 시간이나 점심시간을 이용해서 강의를 듣거나 책을 볼 수도 있다. 그러다 보면 의도치 않게 공부하는 모습을 들키게 될 수도 있는데 상황별로 대처 방법을 알아두면 자연스럽게 숨길 수 있다. 나의 상황별 대처 방법은 다음과 같았다.

- 미국 자격증을 준비하는 경우

    - 직장 동료 : 어? 무슨 공부해요?

    - 나 : (영어 교재를 보여주며)영어 공부해요.

- 점심시간에 인터넷 강의를 듣는 경우

    - 직장 동료 : 무슨 강의 들어요?

    - 나 : 우리 교육 시간 이수할 것 있잖아요. 그거 때문에 강의 듣고 있었어요.

- 학원에서 나누어준 프린트물을 보는 경우

    - 직장 동료 : 저거(프린트물) 뭐예요?

    - 나 : 친구가 대학원 논문 쓰는데 자료 좀 봐달라고 해서요.

- 시험 대비 수험서가 책상에 꽂혀 있는 경우

    - 직장 동료 : 저 책 뭐예요?

    - 나 : 업무에 참고하려고 샀어요. 나중에라도 시험 볼까 싶어서요.

## 공부하는 것이 알려졌다면 자연스럽게 넘어가자

몇 개월 이상 공부를 하게 되면 직장 동료들이 자연스럽게 알게 될 가능성이 크다. 가까운 동료가 내 책상에서 자격증 시험 대비 서적을 발견할 수도 있고, 내가 대화 도중에 공부한다는 사실을 무심코 말하게 될 수도 있다. 그러다 보면 그 사실이 이른바 '복도 통신'을 통해 회사 이곳저곳으로 빠르게 전파될 것이다.

나는 초반에만 비밀로 하다가 시간이 지나 우연히 알게 된 직장 동료에게는 굳이 숨기지 않았다. 직장 동료의 질문을 가급적이면 자연스럽게 넘기려고 했다. 직장 동료가 "미국 회계사 시험 왜 공부해요?"라고 물어보면 "그냥 뭐 어쩌다 보니 하게 되었네요"라고 답했다. "공부 잘돼가요?"라고 물으면 "잘돼가고 말고 할 게 있나요. 그냥 해보는 거죠"라고 했다. 재미없는 답변은, 그 주제로 대화가 이어지지 않게 하는 가장 좋은 방법이다.

# 제4장

# 적게 공부하고
# 빨리 합격하는
# 시험 준비의 모든 것

# 누구보다 열심히 공부했는데
# 왜 떨어졌을까?

"진짜 열심히 공부했는데 왜 시험에서 계속 떨어질까요?"

그간 내가 시험을 준비하는 사람들에게 가장 많이 받았던 질문이다. 많은 직장인이 미래를 위해 열심히 공부한다. 열심히 공부한만큼 간절하게 합격을 원하지만 직장인이 시험을 준비해서 합격하기란 쉽지 않다.

과연 노력만 하면 합격할 수 있을까? 그렇다면 얼마나 좋겠냐마는 사실 열심히만 하면 시험에 합격할 것이라는 생각 자체가 틀렸다. 물론 노력하지 않으면 합격 언저리에도 갈 수 없지만, 열심히 공부하는 것이 합격을 보장해주지는 않는다. 주변 사람들이야 "열심히 하면 합격할 거야. 열심히 공부해"라고 말할 수밖에 없다. 일단 열심히 공부하라는 격려의 표현이기도 하고 열심히만 하면 잘

될 수 있다는 확신을 줘야 '공부할 맛'이 난다는 걸 알기 때문이다. 하지만 공부를 열심히 해서 합격할 수도 있고 그렇지 않을 수도 있다. 이것이 당연한 사실이지만 공부를 하다 보면 현실을 외면하게 된다. 왜 열심히 하는 것만으로는 안 되는지, 구체적으로 원인을 들여다보자. 그러면 어떻게 공부해야 하는지 힌트를 얻을 수 있을 것이다.

## 경쟁자도 열심히 공부한다

공무원 시험, 인기 있는 각종 자격증 시험의 경쟁률은 상당히 높다. 합격자 수보다 몇 배 많은 사람이 시험을 보고 누구나 열심히 공부한다. 그렇게 열심히 공부한 사람들 중 일부만이 합격하는 구조다.

예를 들어 2018년 국가직 7급 공개경쟁채용 필기시험(일반행정직렬)의 합격선은 80점이었고, 그 이상 점수를 받은 응시생은 228명이었다. 70점 이상, 80점 미만의 점수를 받은 응시생은 471명이었는데 최종 합격 인원이 174명임을 고려했을 때 선발 인원의 몇 배가 되는 인원이 커트라인 주변에 있었다는 것을 알 수 있다. 공인회계사나 세무사 시험도 상황은 크게 다르지 않다. 단순히 열심히만 한다고 합격이라는 보상을 기대하기는 어려운 상황이다.

'아무리 생각해도 나는 다른 사람들보다 더 오랜 기간 많은 책을 보았는데 왜 합격하지 못할까?' 우리는 종종 이런 의문을 가지기도 한다. 그런데 아는 게 많다고 해서 시험을 잘볼 확률이 높아진다고 생각하면 오산이다.

더 많이 공부한다고 더 높은 점수를 받지 않는 것은 아니다. 우선 시험의 본질적 특성상 문제에서 물어볼 수 있는 내용은 한정되어 있다. 아무리 내가 잘 아는 내용이라도 시험에 나오지 않으면 점수와는 무관한 지식이 되어버리고 만다. 그렇다고 해도 문제가 어디에서 출제될지 모르니 전 범위를 공부해야 한다. 그래서 고득점을 얻기 위해서는 잘하는 부분을 발전시키는 것보다 부족한 부분을 보완해나가는 방식으로 준비하는 것이 전략적으로 유리하다.

또한 공부를 열심히 했지만 성과가 나오지 않는 사람들의 공부 습관을 보면 시험에 자주 출제되지 않는 부분도 중요하게 여겨 열심히 공부하곤 한다. 출제 포인트에 맞지 않는 공부를 하는 것이다. 그러다 보니 열심히 공부해도 좋은 점수로 이어지지가 않는다. 공부를 하는 입장에서는 중요하다고 생각했는데 시험에 출제되지 않으니 시험의 객관성과 공정성에 의문을 제기하기도 한다.

하지만 우리는 학자로서 공부하는 것이 아니라 시험을 준비하는 것이다. 대부분의 시험은 기출 문제를 풀어보면 어느 범위를 어떤 방식으로 출제하는지 알 수 있다. 국제재무분석사 시험의 경우 응시자들에게 커리큘럼 북을 제공해 공부해야 할 내용을 알려주기도 한다. 시험을 준비한다면 정확한 가이드에 근거해 내용의 중요도를 판단하고 전 범위를 균형 있게 공부해야 높은 점수를 받을 수 있다.

열심히 공부하는 사람들이 하는 가장 많이 하는 실수는 아주 어려운 문제를 맞히려고 노력한다는 것이다. 그러면서 정작 쉬운 문제에서 실수를 한다. 어려운 문제를 간신히 하나 맞히고 쉬운 문제에서 하나를 틀려 결국 점수가 정체된다. 자신은 그렇게 하지 않을 것 같지만, 열심히 공부할수록 이런 실수를 할 가능성은 의외로 높다. 실제 시험장에서는 전혀 생각하지 못했던 문제가 한두 개씩 나오는 경우가 많고, 우리는 시험 날이 다가올수록 모르는 문제가 나올지도 모른다는 불안감에 점점 어려운 문제에 더 관심이 간다. 공부를 많이 한 사람일수록 시험을 잘봐야 한다는 압박감이 심해서 이런 경향을 보일 가능성이 크다. 하지만 실제로 합격하기 위해서는 이미 알고 있는 쉬운 문제부터 놓치지 않는 것이 중요하다.

이미 공부한 내용들은 시험장에서 충분히 맞힐 수 있다고 착각하지만, 나의 경험상 실수 없이 아는 내용을 다 맞히는 경우는 거의 없다. 시험은 모두가 출제될 것으로 예상하는 문제를 다 맞히고 응시자들이 어려워하는 문제를 60~70퍼센트 이상의 확신을 가지고 풀어낼 수 있도록 대비하는 것이 가장 효율적이다.

## 모의고사와 실제 시험은 질적으로 다르다

학원을 다니며 시험을 준비하는 경우 시험이 임박했을 때 모의고사를 보는 경우가 있다. 학원 모의고사에서 일관되게 좋은 점수를 받았지만 실제 시험에서는 점수가 좋지 않아 억울하다고 생각하기도 한다. 그런데 모의고사와 실제 시험은 여러 측면에서 상당한 차이가 있다. 일단 모의고사는 학원 강사나 문제집을 만드는 회사의 연구진이 만들지만 실제 시험은 대학교수, 관련 업계의 실무자들이 만드는 경우가 많다.

모의고사는 과거 기출 문제를 변형해 출제하기 때문에 기존 출제 방식에 익숙할수록 점수가 높게 나온다. 하지만 실제 시험에서는 새로운 유형과 전혀 보지 못했던 내용이 출제되기도 한다. 어떤 새로운 문제가 개발될지는 누구도 사전에 알기 어렵다. 예를 들어 특정 분야를 전공한 사람이 출제위원으로 들어가는 경우, 해당 부분의 내용이 과다하게 편중되어 출제되는 경우도 있다.

시험을 준비할 때는 기본 개념과 전체적인 체계를 중심으로 학습해야 한다. 시험장에서 모르는 문제가 나왔을 경우, 문제를 꼼꼼하게 읽고 기본 개념을 중심으로 풀어보는 수밖에 없다. 실제 출제자들은 새로운 유형의 문제를 출제하는 경우 난도를 크게 높이지는 않는다. 최대한 기본 개념을 기초로 해서 문제를 풀 수 있도록 힌트를 주는 경우가 많다. 만약 새로운 유형의 문제에서 난도가 높게 출제된다면 당락을 좌우하는 문제가 되지는 않을 것이다. 이때는 어려운 문제를 포기하고 다른 문제에서 실수하지 않도록 좀 더 노력해야 한다.

　모의고사 성적에 일희일비할 필요는 없다. 공부는 실력이 향상되는 경향성이 중요한 만큼 꾸준히 그리고 끝까지 해야 한다. 모의고사 성적이 꾸준히 잘 나온다고 하더라도 합격할 확률이 조금 높아질지언정 그것이 반드시 합격으로 이어지지 않는다. 끝까지 조심하고 겸손해야 한다.

### 시험은 당신의 노력만을 평가하는 것이 아니다

많은 사람이 시험은 노력과 능력을 측정하는 것이라고 생각하지만 반드시 그런 것만은 아니다. 시험 당일 머릿속에 있는 지식, 시험장에서의 판단력과 순발력, 긴장감을 관리하는 능력, 컨디션, 운 등 여러 가지 요소가 시험 결과에 영향을 준다. 꾸준히 노력했더라도 그 외의 요소에서 당락이 좌우되기도 한다. 따라서 시험 직전에는 결과에 영향을 주는 요인 중 통제가 불가능한 변수를 제외한 모든 요소를 관리해야 한다. 시험 점수라는 결과물에 어떤 요소가 영향을 주는지 생각하며 그에 맞는 노력을 해야 원하는 보상을 받을 수 있다.

　열심히 했는데 합격하지 못하는 진짜 이유를 알고 있어야 더 이상의 시행착오를 겪지 않는다. 나는 시험을 많이 본 만큼 실패도 많이 경험했다. 왜 탈락했는지를 복기해보면 시험에 합격하기 위해 필요한 것들이 보인다.

시험에 합격하지 못하는 이유를 알았으니, 이젠 합격하는 방법에 대해 알아보자. 먼저 시험공부의 속성을 알아야 한다. 이후 시험에 적합한 행동 방식으로 공부해야 하며, 시험에 대한 효과적인 전략이 있어야 한다. 이제부터 이 3가지 측면에서 시험을 준비하는 직장인에게 필요한 전략을 설명하고자 한다.

## 시험에 합격하는 방법 3가지 ✏️

1. 시험공부의 속성을 파악하라.
2. 시험에 적합한 행동 방식으로 공부하라.
3. 시험에 대한 효과적인 전략을 세운다.

# 시험에 대한
# 흔한 착각

많은 사람이 "공부하려면 엉덩이가 무거워야지!"라고 말하곤 한
다. 자리에 앉아 책을 오래 보면 합격에 가까워진다고 생각하기 때
문이다. 사실 반드시 그렇지는 않다. 합격과 무관한 방향으로 공부
하면 그날 공부는 성적에 별로 도움이 되지 않는다. 시험공부의 속
성을 알고 합격할 수 있는 방향으로 공부해야 한다. 방향이 잘못되
었다면 아무리 열심히 오랫동안 공부해도 좋은 결과를 기대하기
힘들다. 노력에 비해 결과가 나오지 않으니 스트레스만 잔뜩 받게
된다.

이 외에도 시험을 준비하면서 시험에 대해 흔히 착각하는 점들
이 있다. 다음에 나오는 내용을 살펴보며 나는 여기에 해당하지 않
는지 생각해보고, 만약 그렇다면 착각에서 벗어나자.

**잘못된 방향으로 노력하면 합격에서 점점 멀어진다**

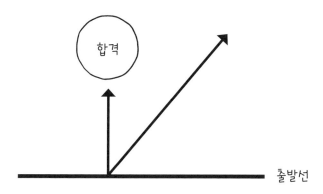

떨어지려고 시험을 준비하는 사람은 없다. 10년 동안 공부해도 떨어질 것이라고 예상했다면 시험공부를 시작조차 하지 않았을 것이다. 많은 사람이 붙고 싶어 하는 시험의 경쟁률은 대부분 높은 편이다. 예를 들어 2018년 국가직 공무원 9급 공채시험 지원자들의 평균 경쟁률은 41대 1이었다. 경쟁률로만 놓고 보면 선택받은 자만이 합격할 수 있는 상황이다.

일반적으로 사람들은 평균 수험 기간(응시자들 다수가 시험 합격까지 필요하다고 생각하는 기간) 동안 공부하면 자신이 합격자 명단에 이름을 올릴 것이라는 막연한 기대를 가지고 있다. 투자한 공부 시간 또는 책을 보는 횟수에만 집착하고 딱 그 양을 채우면 합격할 것이라고 기대를 한다. 또 많은 사람이 독서실 또는 도서관에서 시간만 채우고 공부를 열심히 했다고 생각한다. 심지어 1시간 중 50분을 자리에서 딴 짓을 하다가 10분 동안 대충 책을 훑어보았음에도 1시간 동안 공부했다고 느낀다. 이런 생각을 하는 경우라면 반드시 스톱워치로 실제 공부 시간을 계산해봐야 한다. 그래야 지금 내 현실이 어떤지 알 수 있다.

반면 무작정 열심히 하는 경우도 있다. 책을 읽고 열심히 강의를 듣고 필기를 했다고 실력이 향상되는 것은 아니다. 시험장에서 공부한 내용이 출력되지 않는다면 그 공부는 헛된 것이다. 공부한 내용이 내 머리에 들어갔는지 확인하는 절차가 필요하다. 모의고사 점수, 책에 나온 내용을 몇 퍼센트 암기하고 있는지처럼 숫자로 실력을 평가하고 있어야 한다.

### 자기 합리화한다

잘못된 공부 방법을 정당화하기 위해 합격 수기와 모의고사 결과를 왜곡해서 받아들이는 사람이 있다. 예를 들어 '문제만 많이 풀어보고 합격했다'는 수기가 있으면 그 내용만 수용한다. 예를 들면 이런 식이다. 과목의 체계를 다지려면 기본서를 정독한 뒤 문제를 풀어봐야 하지만 이런 정석적인 공부 방법은 시간이 너무 많이 걸린다는 문제가 있다. 반면 그냥 문제만 많이 풀어보는 방식은 비교적 시간이 덜 걸린다. 안 그래도 기본서 보기가 너무 귀찮았는데 이런 합격 수기를 보면 '옳다구나!' 하면서 문제집만 보고 공부한다. 하지만 이렇게 하면 과목의 체계를 다지지 못하므로 시험 합격을 보장해주는 좋은 공부법은 아니다.

심지어 모의고사를 본 뒤 점수가 잘 나온 모의고사 결과만을 인정하고 그렇지 않은 경우에는 출제가 잘못되었다는 식의 자기 합리화하기도 한다. 그렇게 하면 지금 당장은 마음이 편할 것이다. 하지만 자기 합리화는 결국 실제 시험에서 쓸쓸한 결과를 만든다.

### 불합격의 원인을 잘못된 곳에서 찾는다

시험에서 기대만큼 높은 점수를 받지 못한 경우 후회와 자괴감이 밀려온다. 그러면 그 감정을 분출하기 위해 잘못된 곳에 책임을 묻게 된다. '친구가 그날 술을 마시자고 전화만 안 했더라면' 또는 '학원 강사가 좀 더 문제를 잘 찍어주었더라면'과 같은 생각을 하며 외부 요인으로 시험에서 탈락했다고 생각할 수 있다.

그러나 모든 결과에 대한 책임은 나에게 있다. 친구의 유혹을 뿌리치지 못한 것도, 강사를 선택한 것도 모두 내가 결정한 것이다. 시험에서 좋지 않은 결과를 얻었다면 어느 부분이 부족했는지를 냉철하게 진단해보려는 노력이 필요하다. 환경 탓을 해봐야 발전에 도움이 되지 않는다는 사실을 명심하자.

### 다른 사람과 비교한다

가끔 아무리 봐도 나보다 공부 안 한 것 같은 친구는 시험에 붙었는데 나는 떨어졌다고 생각할 때가 있다. 그럴 때면 '난 역시 안 되나봐'라는 생각이 들면서 공부 의지가 바닥을 치곤 한다. 의지가 떨어지면 공부가 잘되지 않고 결국 또다시 좋지 않은 결과를 받게 되는 악순환에 빠지게 된다.

내가 보는 사람들의 모습이 전부가 아니다. 시험에 합격한 친구가 겉으로 보기엔 나보다 공부를 안 한 것 같아도 실은 그렇지 않은 경우가 많다. 만약 정말 공부를 안 했는데 엄청나게 운이 좋아 합격한 친구가 있다면? 그렇다고 해도 그건 그 사람의 경우일 뿐 나의 시험 준비와는 무관한 사건이다. 그런 친구를 보며 감정을 소비하는 것은 아무런 도움이 되지 않는다.

살아가면서 한번쯤은 지금까지 이야기한 착각 중 하나에 빠진 적이 있을 것이다. 이런 착각에서 벗어나야 성과가 나오는 공부를 할 수 있다. 착각에 빠지지 않는 것이 시험공부의 시작이다.

### 시험에 떨어지게 하는 나만의 착각 극복하기 🖊

1. '무조건 합격하겠지' 하는 막연한 기대는 버려라.
2. 책상에 앉아 있다고 공부하고 있는 것은 아니다.
3. 자기 합리화는 시험 합격에 아무런 도움이 되지 않는다.
4. 시험 당일 컨디션도 내 책임이다.
5. 나의 경쟁자들도 최선을 다하고 있다는 사실을 명심해라.

# 아무리 공부해도
# 성적이 오르지 않는 이유 ✎

분명히 공부는 하고 있는데 좀처럼 점수가 오르지 않는다. 많은 사람이 이런 답답함을 토로한다. 스톱워치로 초 단위로 시간까지 재가며 빡빡하게 공부하고 있는데도 점수가 오르지 않는다. 열심히 공부하는데 매번 성과가 나지 않는다고 말하는 사람들을 상담해보면 잘못된 방법으로 공부하는 경우가 많다.

결승점을 넘는 게 목표인 사람이 러닝머신 위에서 아무리 열심히 달려봐야 소용없다. 이젠 러닝머신에서 내려와 결승점을 향해 뛰어야 한다. 잘못된 방법을 택하면 아무리 달려도 원하는 효과를 얻지 못하니 말이다. 시험을 준비하는 사람들이 흔히 하는 잘못된 방법을 소개한다. 자신의 모습을 돌아보고 방법을 바꿔보자.

**러닝머신 위에서 아무리 열심히 뛰어도 결승점에 갈 수 없다**

### 무의미하게 반복한다

"반복 학습이 중요하다 하지 않았나요?"

물론 반복 학습은 효과적인 공부 방법이다. 하지만 무의미하게 반복하는 것만이 능사는 아니다. 하루 공부 시간 또는 책을 보는 횟수에만 집착하고 목표량만 채우면 무조건 성적이 오를 것이라 기대하는데, 중요한 것은 횟수보다 '어떻게 반복했는가'이다. 여러 번 반복하며 공부했는데 성적이 오르지 않는다면 잘못된 방법으로 반복했다는 뜻이다. 예를 들어 기출 문제를 다섯 번이나 봤는데 여섯 번째 볼 때도 시간이 많이 걸린다면 잘못된 방법으로 공부한 것이다.

무의미하게 반복하는 공부 유형을 살펴보자. 먼저 내용을 제대로 받아들이지 않고 무작정 보기만 하는 경우가 있다. 학부모나 선생님이 몇 번 봤는지 또는 몇 시간 공부했는지를 기준으로 공부량을 평가하기 때문에 많은 학생이 그 목표를 달성하는 데만 집중한다. 직장인이 되어 자격증 시험을 준비할 때도 당장 오늘의 의무감을 떨쳐내기 위해 얼마나 봤는지에만 집중해 공부하게 된다. 배우는 내용을 제대로 숙지하지 않은 채 공부량만 채우고 빨리 그 의무감에서 해방되려고 한다. 그러면 공부량이라는 '외형'만 존재할 뿐 공부가 점수로 이어지지 않는다.

다음으로 기본서를 읽은 뒤 바로 같은 방식으로 다시 보는 경우가 있다. 화장품을 바르면 피부에 흡수되는 데 시간이 걸리는 것과 마찬가지로 읽은 내용을 뇌가 의미로 인식해 기억하는 데는 시간이 걸린다. 한 번 본 직후 바로 같은 방식으로 본다면 이는 두 번 본 것이 아니라 한 번 본 것과 효과가 같다고 한다. 토론토 대학교의 엔델 털빙교수와 영국의 심리학자 앨런 배들리는 일정한 시간 간격을 두지 않고 반복해서 읽는 것은 암기에 큰 도움이 되지 않는다는 것을 실험에서 밝혀냈다.

마지막으로 출제 포인트를 모르고 모든 내용을 동일한 비중으로 보는 경우다. 이런 방법으로는 문제집을 여러 번 봐도 전혀 성적이 오르지 않는다. 시험에 출제될 수 있는 핵심 문구를 강조해서 읽어야 성적에 도움이 된다. 동일한 강도로, 모든 문장을 다 기억하겠다는 마음으로 문제집을 보면 결국 아무것도 기억나지 않는다.

그럼 어떻게 하면 무의미한 반복을 줄일 수 있을까? 첫째, 기본서를 보면서 주요 내용을 정리해보는 연습을 하는 것이 좋다. 그 단락에서 무엇을 이야기하고자 하는지 요약해보고 책 옆에 적어둔다. 오늘 마지막으로 정리한 내용 위주로 한 번 더 상기한다면 기억에 오래 남을 것이다.

둘째, 문제를 풀면서 문제의 각 보기를 분석한다. 어디를 변형해 틀린 지문을 만들었는지를 적어두고 자주 실수하는 부분은 체크해뒀다가 다음에 조금 더 자세히 보기를 권한다.

### 기본서를 보지 않고 문제만 푼다

시험공부를 할 때 빨리 성과를 내야 한다는 압박감에 문제 위주로 공부하는 경우가 많다. 객관식 시험의 경우 문제집을 꼼꼼하게 보면 시험에 합격하는 경우도 있지만, 너무 문제 풀이에만 치우진 공부 방법을 고수하면 자칫 'N수생'이 될 우려가 있다.

아는 것이 많아도 체계적으로 잘 정리가 되어 있어야 실제 시험에서 고득점을 얻을 수 있다. 문제 풀이 방식의 공부는 체계가 없어 공부량이 많아질수록 정리가 잘되지 않는다. 양이 많은 기본서를 모두 보는 데 시간이 걸리겠지만 기본서는 그 과목의 전체 내용이 짜임새 있게 구성돼 있어 체계적으로 이해하는 데 도움이 된다. 그래서 처음 공부를 시작할 때는 기본서를 최소 한 번은 자세히 보며 주요 개념을 이해하는 것이 좋다.

시험이 임박해 시간이 없을 때 문제집에 답을 적어 놓고 이를 외우는 방식으로 공부하는 경우가 있다. 이 방법은 급할 때 몇 점을 올릴 수 있는 있어도 장기적으로 보았을 때 학습 능력이 떨어진다. 이 방법으로 고득점을 하기는 어렵기 때문이다.

답을 찾는 과정은 꾸준히 연습해야 한다. 문제를 직접 풀어보며 고민해봐야 기억에 오래 남는다. 특히 수학, 경제학과 같이 응용 문제가 출제되는 경우에는 더욱 그렇다. 반드시 문제는 한 번 이상 직접 풀어봐야 한다. 처음 공부할 때는 시간을 재서 풀어볼 필요까지는 없으나 시험에 임박할수록 시험 시간과 유사하게 풀어보는 연습을 해야 실제 시험에서 실수를 하지 않는다.

### 복습을 하지 않고 강의만 듣는다

쉽게 공부하기 위해 온라인 강의만 계속 들으면서 공부하기도 한다. 강사가 친절하게 설명해주기 때문에 쉽게 이해가 되면서 편하게 공부할 수 있다. 하지만 강사가 설명한 것을 알아들었다고 해서 그 내용이 완전히 '내 것'이 된 것은 아니다. 강의를 듣는 순간에는 이해하지만 혼자서 다시 보면 이해가 안 되는 경우가 많다. 학습 과정에서 '읽으면서 그 내용을 파악하려고 노력하는 연습'을 생략해버려 스스로 파악하는 능력이 약해진 결과다. 문제 풀이도 마찬가지다. 강사가 문제 풀어주는 과정을 보면, 그때는 다 알 것 같은

데 다시 풀었을 때 안 풀리는 경우가 많다. 반드시 답을 스스로 찾아보는 연습을 해야 한다.

### 틀린 공부 방법을 고수한다

직장인이라면 나름대로 자신의 공부 방법이 있을 것이다. 그런데 보통 공부로 성공해본 경험이 있는 사람이라면 자신의 공부 방법을 고수하려고 한다. 자존심에 그럴 수도 있고 변화가 싫어서일 수도 있다.

시간이 지남에 따라 시험 제도나 출제 방식은 변화하고 내가 처한 상황에 따라 최선의 공부 방법도 달라진다. 과거에 한번 성공한 방법이 지금은 적합하지 않을 수도 있다. 현재 자신의 공부 방법이 최선인지를 지속적으로 확인하며 개선하려는 노력을 해야 한다. 시험에서 좋지 않은 결과가 나오면 원인을 객관적으로 분석해야 또 실패하지 않는다.

---

### 의미 없는 공부를 줄이는 방법 🖋

1. 강의만 듣고 책을 덮지 않는다.
2. 오늘 배운 내용이 무엇인지를 적어본다.
3. 문제집만 보는 습관을 버린다.

# 합격하는 사람 vs.
# 불합격하는 사람

처음 시험공부를 시작할 때는 큰 차이가 없는 것 같은데, 시간이 지나 결과를 놓고 보면 시험에 잘 붙는 사람이 있고 잘 떨어지는 사람이 있다. 나의 지인 중에는 사법시험, 한국 공인회계사 시험, 미국 변호사 시험, 미국 공인회계사 시험에 모두 합격한 사람이 있다. 반면 여러 시험에 도전했지만 1차에만 합격하고 모두 최종 탈락한 사람, 합격선에서 살짝 모자란 점수로 10년간 시험에 합격하지 못한 사람 등 다양한 유형으로 합격하지 못하는 사람들이 있다.

시험에 잘 붙는 사람과 잘 떨어지는 사람. 그 차이는 어디에서 오는 걸까? 여러 사람을 유심히 관찰해본 결과, 처음에는 아주 미묘한 차이지만, 그 차이가 쌓이고 쌓여 결과적으로 '합격'과 '불합격'이라는 완전히 다른 결과로 나타났다. 여기에서는 시험을 준비하는 단계별로 '시험에 탈락하는 자'와 '합격하는 자'의 주요 특징을 정리해봤다.

### 어떤 시험을 볼지 결정하는 단계

어떤 시험을 볼 것인지에 따라 공부하고자 하는 동기와 의욕이 달라지므로 신중하게 결정해야 한다. 물론 너무 고민이 많아져도 문제다. 무엇을 시작할지 갈등만 하다가 너무 많은 시간을 보내는 것은 바람직하지 않다. 그런데 반대로 '무엇이 좋은지 잘 모르겠으니 일단 시작부터 해보자'는 생각으로 아무거나 시작부터 하면 시행착오를 겪게 된다. 결국 시험의 장단점을 명확하게 분석한 뒤 망설임 없이 의사 결정을 하고, 꾸준히 밀어붙여야 성공할 수 있다.

### 공부를 시작하는 단계

'시작이 반이다'라는 속담처럼 시험공부도 시작이 중요하다. 공부 시작 전 계획을 잘 세워야 한다. 자신을 과대평가해서 너무 무리한 공부 계획을 세우면 공부하는 도중에 지칠 수 있다. 자신의 학습량을 파악한 뒤, 알맞은 학습 계획을 세워 시험공부에 임하는 것이 좋다. 또한 공부를 시작했으면 생활 방식을 시험에 적합하게 바꿀 필요가 있다. 예를 들어 주말마다 친구와 술을 마시는 습관이 있었다면 시험공부를 하는 중에는 자제해야 한다. 보통은 '그렇게 공부만 하면 수험생활의 스트레스를 풀 수 없다', '일주일 중 하루 이틀 정도 그러는 것인데 공부에 큰 지장이 없을 것이다'라고 생각하며 그런 습관을 고수하려고 한다. 시험에 맞지 않는 생활 패턴을 일부라도 고수하면 그만큼 합격하는 데 걸리는 시간은 늘어나고 합격할 가능성은 줄어든다는 점을 명심해야 한다. 본인의 계획에 맞게 생활을 단순화하는 과정이 필요하다.

과도한 자신감에 내가 당연히 합격할 것이라고 맹신하면 오히려 공부하는 과정에서 겪는 작은 실패에도 크게 좌절하게 된다. 당연히 꾸준히 점수가 상승할 것이라 생각하며 공부하고 있는데 의외로 점수가 오르지 않으면 조바심이 난다. 그러나 실력이라는 것이 하루아침에 확 달라지는 것이 아니다. 벽돌을 하나씩 쌓아가다 큰 건물이 세워지듯 긴 호흡으로 공부해야 한다.

» 합격하는 사람의 특징

- 공부하는 목표가 뚜렷하다.
- 공부가 실력 향상으로 이어지는지 꾸준히 확인한다.
- 본인이 하루에 공부할 수 있는 양을 알고 있다.
- 공부 습관을 깨는 무리한 생활 습관을 만들지 않는다.

» 불합격하는 사람의 특징

- 공부 목표가 불안정해 의지가 자주 흔들린다.
- 공부보다 다른 계획을 세우는 데 시간을 더 집중한다.

- 책상에 앉아만 있는 것을 공부하는 것이라 생각한다.
- 실전에선 좋은 결과가 있을 거라며 자기 합리화한다.

## 본격적으로 공부하는 단계

본격적으로 공부를 시작한 후에는 본인이 한 공부가 실력 향상으로 이어지고 있는지 알아봐야 한다. 우리는 책상에 앉아 있다고 공부를 한 것이 아니란 사실을 알고 있다. 그러니 꾸준히 본인의 공부가 실력 향상으로 이어지는지 체크하는 과정이 필요하다.

장기 레이스로 갈수록 신체적, 정신적인 컨디션 관리가 중요하다. 실력이 향상되는 것을 보면서 공부에 재미를 느껴야 꾸준히 잘할 수 있다. 만약 점수가 오르지 않는다면 '어떻게 해야 개선될 수 있는지'를 계속 고민하며 문제를 해결해야 한다. '어떻게 해결되겠지'라고 생각하면서 문제 해결을 미루는 순간부터 합격에서 멀어진다.

## 시험 직전 마무리 단계

시험 직전에 마무리를 잘못하면 공부한 것보다 훨씬 실망스러운 결과를 얻을 수도 있다. 시험이 다가올수록 '내가 모르는 문제가 나오면 어쩌지?' 하는 불안감이 커진다. 어차피 불의타(전혀 예상하지 못한 문제)는 어디에서 나올지 모르기 때문에 아무리 많고 어려운 문제를 풀어도 불안감은 해소되지 않는다. 기본적인 개념을 바탕으로 답을 하겠다고 생각해야 불안감을 줄일 수 있다.

특히 시험 직전이 되면 학원가에서 여러 모의고사 문제집이 나온다. 거기에는 지엽적인 내용, 잘 다루지 않았던 새로운 내용이 보이기도 하는데 이런 것에 흔들리면 안 된다. 시험 직전에 어렵고 새로운 내용에 집중하면 기본적인 내용에는 소홀해질 수 있기 때문이다. 새로운 내용을 공부하는 시간은 1시간 또는 몇 문제 이내로 하고 대부분의 시간에는 기존에 공부했던 내용으로 기반을 다지는 데 집중하는 것이 전략적으로 유리하다.

» **합격하는 사람의 특징**

- 과목에서 가장 기본적인 개념에 집중하여 복습한다.
- 공부가 부족한 부분을 중심으로 암기 분량을 줄여간다.
- 공부가 필요한 부분이 줄어들수록 자신감을 느낀다.

» **불합격하는 사람의 특징**

- 과목의 뼈대에 대한 이해가 부족해 닥치는 대로 외운다.
- 불안감에 더 어렵고 지엽적인 내용에 집중해서 공부한다.
- 시험 후기 등을 찾아보며 불안한 감정을 잘 통제하지 못한다.

## 시험 종료 후

내가 여러 시험에 합격할 수 있었던 것은 시험을 본 이후의 행동이 다른 사람들과 달랐기 때문이다. 어두운 곳에 있다가 갑자기 밝은 곳으로 가면 동공이 빛을 받아들이는 데 시간이 걸리듯이 시험이 끝난 뒤 일상생활에 다시 적응하는 데는 시간이 걸린다. 시험을 본 뒤에는 향후 계획을 세워보는 '완충장치' 같은 시간이 필요하다. 특히 직장인이 시험공부를 하면 체력이 상당히 떨어진다. 시험이 끝났다고 무작정 놀다 보면 체력이 더 떨어져서 자칫 큰 병이 날 수도 있으니 반드시 회복의 시간이 필요하다. 시험이 끝난 후 어떻게 체력을 회복하느냐에 그다음 공부의 성공 여부가 달려 있다.

### 시험에 빨리 합격하기 위해 가져야 할 태도

1. 겸손하고 차분한 자세로 임한다.
2. 시험 합격에 필요한 요인들을 정확하고 구체적으로 따져 본다.
3. 의미를 생각하며 공부하는 습관을 갖는다.
4. 공부할 범위를 점차 줄여 나간다.
5. 무리한 생활 습관을 만들지 않는다.

# 공부에 실패하는
# 결정적인 계기 ✏

대학생인 B는 과 수석을 하고 동아리에서도 회장을 맡으며 활발하게 활동했다. 주변 사람들은 B에게 '공부 잘한다', '책임감 있다', '활발하다' 등 좋은 평가를 아끼지 않았고, 그는 성공적인 대학생활을 보냈다. 이후 그는 공무원 시험에 도전했고, 한 달 내내 종일 독서실에 앉아 공부하기 시작했다. 그런데 매일 앉아 공부만 하다 보니, 어느 순간 내가 지금 공부를 제대로 하는 건지도 모르겠고, 진도도 어쩐지 정체된 느낌이 들기 시작했다. '내가 과 수석까지 할 만큼 공부도 잘했는데, 이정도밖에 못하는 사람이었나?' 싶은 생각까지 든다.

이처럼 의외로 공부를 잘했던 사람도 큰 이유 없이 시험공부에서 별다른 성과를 내지 못하는 경우도 있다. 시험에 맞지 않는 공부법을 갖고 시험에 접근했기 때문이다. 공무원 시험을 준비할 때는 대학교 때와는 다른 공부법이 필요하다. 대학교 공부는 주로 중간·기말고사 기간 동안 정해진 범위를 공부하면 된다. 하지만 공무원 시험은 장기간(1~2년 이상) 매일 하루 종일 공부를 해야 한다. 그렇기 때문에 공무원 시험에 맞는 공부법으로 바꾸지 못하면 처음에는 당황하다가 이내 좌절하게 될 것이고, 좌절감은 자존감 하락으로 이어지면서 실패의 길로 빠지게 된다.

공부를 할 때는 눈에 보이지 않는 차이가 조금씩 생기기 시작하다가 특정 사건을 계기로 어느 순간 한꺼번에 실패를 경험하게 된다. '내가 어쩌다 이렇게 되었을까?' 싶은 시점에는 이미 늦었다. 공부에 실패하는 계기를 정확히 알고 있다가 문제가 생길 것 같은 순간 선제적으로 대응해야 실패를 막을 수 있다. 직장인은 보통 다음과 같은 계기로 공부에 실패하고 만다.

### 공부의 필요성을 느끼지 못하고 시작한 경우

왜 공부해야 하는지를 모르는 상태에서 주변의 조언 또는 강요로 공부를 시작하면, 소위 '멍 때리며' 공부하게 될 가능성이 크다. 학창 시절에는 부모님이 과외나 학원을 통해 반강제로 공부를 시키는 경우가 많다. 그렇게 공부하면 반에서 어느 정도 성적을 유지할 수 있다. 그러나 직장인이 공부하는 경우 공부의 필요성을 느끼지 못하면 성과가 잘 나오기 어렵다.

주변의 조언에 의지해서 공부를 시작하면 처음에는 그럭저럭 공부할 수 있을지 몰라도 공부를 오래 하기 어렵다. 어느 순간 공부에 대한 회의감이 찾아오면 성과가 크게 떨어질 수 있다. 그래서 공부해야 하는 이유를 스스로 찾을 수 있어야 한다. 어떠한 시험을 준비하기 전 왜 필요한지를 꼼꼼하게 따져보는 자세는 동기부여에 큰 영향을 준다.

### 좌절감과 불안감을 이기지 못하는 경우

직장인이 된 뒤 '또 힘들게 공부한다고 성과를 얻을 수 있을까' 하는 의문을 가진 상태에서 공부를 시작하면 실력이 크게 향상되지 않는다. 게다가 몇 번 실패를 경험하게 되면 의욕은 더욱 떨어진다. 의욕이 떨어진 상태에서는 공부를 지속해봐야 성과가 나오지 않는다. 그러다 보면 '더 공부가 하기 싫어지는 악순환'에 빠질 가능성이 높다.

초반의 실패는 누구에게나 발생할 수 있는 것이고 꾸준히 공부를 하다 보면 어느 순간 자신에게도 기회가 온다. 많은 직장인이 기대한 만큼 당장 결과가 나오지 않는다고 좌절하며 스스로 지쳐 포기해버린다. 좌절감을 느낄 때 선택할 수 있는 선택지는 둘 중 하나다. 그냥 포기하거나 어쨌든 최선을 다해 끝까지 해보는 것.

'좌절감'이라는 감정을 가지고 공부하면 능률이 떨어지고 능률이 떨어지면 합격에서 더 멀어진다. 게다가 몇 번 시행착오를 경험하다 보면 이번에 준비하는 시험에는 반드시 합격해야 한다는 부담감과 긴장감이 생긴다. '이번에도 떨어지면 실패자로 찍히는 게 아닐까', '반드시 합격해야 하는데 어쩌지' 하는 감정이 공부의 능률을 떨어뜨린다. 능률 저하로 공부가 잘되지 않는다는 생각이 들수록 불안감은 더욱 심해진다. 이것이 바로 공부가 더 하기 싫어지는 악순환이다. 공부를 못 하겠다면 그만둬야 한다.

하지만 직장인이 공부해보겠다고 결심한 것 자체가 큰 용기이다. 그렇게 결심해서 공부를 시작했는데 쉽게 포기하기는 너무 아깝지 않은가? 이왕 결심한 거 좌절감 같은 건 버리고 끝까지 최선을 다해보는 게 어떨까? 일희일비하지 않고 계획에 따라 차근차근 앞으로 나가려는 마음가짐을 가져야 합격에 가까워진다.

### 감정적인 일로 공부의 리듬이 무너진 경우

집안의 우환, 이성 친구와의 이별 등 감정 소모가 많은 일이 발생하면 공부의 리듬이 무너진다. 내가 고등학교를 다닐 때의 일이다. 고등학교 1학년 초반에 전교 1~2등을 하던 친구가 있었는데 시간이 지나면서 반에서 중위권으로 떨어졌다. 나중에 들어보니 부모님이 별거하게 되면서 공부에 집중을 하지 못해 성적이 급락했다고 한다.

직장인도 마찬가지다. 개인적인 일로 심리적인 타격을 받으면 아무리 책상에 앉아 책을 봐도 공부가 되지 않는다. 그러니 심적으로 힘든 일이 있을 땐, 계획을 조금 미루더라도 마음을 정리하는 시간을 가지자. 마음이 싱숭생숭한 상태에서 공부가 잘될 리 없고, 오히려 업무 스트레스에 공부 스트레스가 더해져 병이 날 수 있으니 잠시 마음을 정리할 시간을 가지는 것이 좋다.

## 공부 실패를 예방하는 법 ✏️

1. 확실한 동기부여가 있어야 끝까지 공부한다.
2. 어차피 공부하기로 마음먹었다면 좌절감과 불안감을 버린다.
3. 감정적인 어려움이 있다면 잘 해결한 뒤 공부를 해도 늦지 않다.

# 합격을 향한
# 자극 만들기

영화 〈더 킹〉에서 학교에서 가장 싸움을 잘하는 날라리 고등학생 박태수의 아버지는 잘나가는 동네 건달이다. 어느 날 박태수는 건달인 아버지가 양복 입은 사람 앞에서 무릎을 꿇고 빌고 있는 모습을 보게 된다. 그 양복 입은 사람은 '검사'였다. 그는 싸움으로 누구에게도 지지 않는 아버지가 무릎을 꿇은 사람이 바로 검사라는 사실을 알게 된다. 그 모습을 보고 충격을 받은 박태수는 검사가 되기로 결심하고 공부를 시작한다. 그리고 그렇게 바라던 서울대학교 법학과에 진학해서 사법고시에 합격해 검사가 된다.

영화의 예는 다소 극단적이지만, 일상생활에서도 마찬가지로 큰 충격을 받고 공부를 결심하는 경우가 있다. 학벌이 좋지 않아 이성 친구의 부모님에게 무시를 당한 경우, 영어를 못한다고 회사에서 무시당하는 경우 등 자존심이 상하는 일을 경험하면 공부하고자 하는 독기가 확 오르기도 한다. 인터넷 게시판에서 사람들이 공부할 마음을 먹기 위해 '쓴 소리'를 해달라고 말하는 것도 스스로 결핍을 만들어 동기부여 해보려는 노력이라고 볼 수 있다.

나는 시험공부를 하면서 1시간 공부하면 점수가 1점씩 올랐으면 좋겠다고 생각한 적이 있다. 그러나 그것은 바람일 뿐, 공부한 시간 또는 책을 본 페이지에 비례해서 실력이 상승하지는 않았다. 실력은 특정한 사건을 계기로 계단식으로 점프한다. 공부를 하겠다고 결심하거나 공부해야겠다고 자각하는 순간부터 공부의 효율이 높아지고 성과가 급격하게 나타난다. 따라서 우리는 공부에 성공하는 계기를 만들어야 한다.

### 직장에서 필요성을 느낀 순간

다양한 업무를 하며 결핍을 느끼는 것 자체로 공부의 성공에 초석이 된다. 직장생활에서 당장 업무에 필요한 내용을 모르는 것만큼 불편한 것은 없다. 직장생활을 하며 '공부가 필요하다'는 생각이 드는 사건을 경험하면 공부에 대한 의욕이 높아진다. 나는 국무총리실에 처음 배치를 받았을 때 경제 관련 부서에서 근무했다. 대학에서 경제학을 전공했지만, 실제 일을 해보니 내가 대학에서 공부한 것은 크게 도움이 되지 않았다. 대학에서 공부한 내용과 실무에서 요구하는 수준 사이에 차이가 컸다. 각 부처의 보고 내용, 한국

은행 또는 각종 민간 연구소의 보고서를 보면서 실무에 필요한 공부가 필요하다고 느낀 순간이었다.

내가 스스로 부족함을 깨닫고 공부하니, 내 업무 능력이 향상된 것은 물론이고 조직 내에서의 평판도 덩달아 좋아졌다. 공부 성과가 눈에 보이지 않더라도, 공부하는 모습만으로도 평가가 좋아지니 공부할 맛이 나기도 했다. 이처럼 절박함을 느끼면 미루지 말고 빨리 공부를 하는 것이 좋다. 업무를 하며 결핍을 느끼는 것 자체가 공부에 성공하는 초석이 된다.

### 퇴근길, 서점 들르자

퇴근길에 오늘은 어떤 책을 보고, 어떤 분야를 알아봐야겠다고 습관적으로 고민하자. 광화문에 있는 정부서울청사에서 근무하던 시절에는 퇴근 후 시간이 날 때마다 근처에 있는 서점에 갔다. '책 냄새'를 맡기 위해서였다. 서점에 가면 새로운 분야의 책이 나와 독자를 기다리고 있다. 세상의 변화를 직관적으로 감지할 수 있는 곳이다. 다양한 분야의 작가들을 보며 '다들 참 열심히 사는구나' 하는 생각이 들기도 하였고, 각종 수험서를 보며 '요즘은 이런 자격증이 뜨는구나'라고 알게 되기도 했다.

서점에서 책을 훑어보면 자연스럽게 특정 분야의 공부에 관심이 생기기도 하고, 친구와 서점에 가서 책을 보면 좋은 대화 주제가 떠오르기도 한다. 새로운 생각은 성공적인 일상을 만드는 출발점이다.

### 주변 사람들에게서 자극을 받자

때로는 주변 사람이 최고의 자극이 되기도 한다. 친한 친구가 좋은 곳으로 이직하는 모습을 보며 공부를 더 해봐야겠다고 결심하기도 하고, 책이나 매스컴에 나오는 사례를 보고 자극을 받기도 한다.

주변 사람들과 교류 없이 혼자 지내면 자각하기 어렵다. 외부와 교류하며 꾸준히 자극을 받아야 어떻게 살 것인지에 대한 생각이 떠오른다. 공부를 잘하려면 외부로부터의 지속적인 자극을 받는 것이 좋다. 오프라인 모임에서 다양한 사람을 만나 보거나 책이나 뉴스를 보면서 여러 사람의 성공 사례를 찾아보는 것도 좋다. 세상은 빠르게 변하고 사는 방법도 다양하다. 다양한 사람들의 이야기를 통해 자극을 받을 수 있다.

### 확고한 목표를 세우자

매일을 바쁘게 살다 문득 '아, 이렇게 살면 안 되겠다'고 느낀 적이 있지 않은가? 대학교 동기인 D군은 군대를 전역한 이후 바로 사법 시험을 보겠다고 결심하고 공부를 시작했다. 두문불출하며 매일 15시간을 공부하더니 딱 1년 6개월 만에 사법시험 2차까지 합격했다. 이처럼 얼마나 확고하게 결심을 하느냐에 따라 성과는 엄청나게 달라질 수 있다. 확고한 결심에는 정확한 목표와 구체적인 계획이 뒷받침되어야 한다. 공부를 해야겠다고 결심을 해도 '이 시험을 준비할까? 저 시험을 준비할까?'를 고민하면서 시간을 보내면 결심이 성과로 이어지기 어렵다. 목표를 정해 오늘부터 실천할 것들을 구체적으로 계획해야 한다. 퇴근하면서 무엇을 공부할지 떠올려보는 것도 작은 결심의 하나라고 생각한다.

### 공부를 재미있게 느낄 수 있는 장치를 마련하자

공부를 하면서 점점 성적이 오르면 성취감과 재미를 느끼게 되고 더 열심히 공부하게 되면서 또다시 성적이 오른다. 이런 선순환을 만들기 위해서 지속적으로 공부가 재미있게 느껴질 장치를 마련해야 한다. 예를 들어 부동산 또는 주식 투자에 대해 공부한다면 오프라인으로 관련 분야에 대한 모임에 참석해 내가 공부한 것을 사람들에게 설명해보거나, 실제로 소액을 투자해서 돈을 벌어볼 수 있다. 이런 장치를 마련해야 계속 재미있게 공부를 할 수 있다. 직장인은 공부에 재미를 느껴야 성과를 볼 수 있다는 사실을 잊지 말자.

## 공부에 성공하는 계기를 만드는 법

1. 당장 업무에 필요한 공부부터 시작한다.
2. 독서를 통해 새로운 분야에 관심을 가져본다.
3. 다른 사람들과 지속적으로 교류해 자극을 받는다.
4. 공부를 재미있게 느낄 수 있는 장치를 지속적으로 만든다.

# 적게 공부하고
# 빨리 합격하는 방법

'적게 공부하고 빨리 합격하는 방법 어디 없을까?' 시험을 준비하는 사람이라면 누구나 이런 고민을 할 것이다. 나도 자격증 시험을 공부하며 항상 이런 궁리를 했다. 그렇게 고민 끝에 얻은 노하우로 공부하는 시간을 점차 줄일 수 있었다. 그 결과 자격증 시험을 준비할 때 필요하다는 일반적인 평균 수험 기간의 절반 정도로 시험에 합격했다.

예를 들어 국제재무분석사는 레벨별로 보통 9~10개월을 준비하는데 나는 5개월 정도 공부했고, 공인중개사 시험의 경우 평균 1년 정도 공부한다고 하면 나는 약 4개월을 공부했다. 준비 기간을 줄일 수 있었던 것은 고효율의 방법만을 모아 단기간에 집중적으로 공부하는 방식을 선택했기 때문이다. 내가 공인중개사 시험을 준비하면서 효과를 본 '적게 공부하고 빨리 합격하는 방법'을 소개한다.

## 기본 강의만 온라인으로 두 번 듣자

직장인은 실제 강의를 들으러 갈 만한 시간의 여유가 없다. 그래서 가급적 온라인 강의를 듣는 것이 좋다. 그런데 강의에 의존하면 편하게 공부할 수는 있겠지만, 오히려 예상치 못하게 시간을 많이 빼앗긴다. 효율적으로 자격증 시험을 준비하려면 강의 듣는 시간도 최소화해야 한다. 따라서 기본 강의만을 두 번 들은 뒤 문제 풀이와 마무리 강의 등은 듣지 않고 가급적 혼자 공부하는 방향으로 계획해야 시간을 줄일 수 있다. 나 역시 기본 강의만 두 번 듣고 문제풀이나 마무리 강의 같은 것은 가급적 듣지 않았다. 대신 혼자 책을 읽고 문제를 풀어봤다. 처음에 내용을 이해해야 할 때는 강의가 매우 도움이 되지만 어느 정도 공부가 된 단계에서는 스스로 반복해야 실력이 쌓이기 때문이다.

그런데 기본 강의를 왜 한 번이 아니라 두 번 들으라고 하는 걸까? 처음 강의를 들을 때는 평범하게 설명을 들으면서 필기를 최대한 많이 해둔다. 이때는 처음 공부하는 내용이므로 암기나 문제 풀이보다 이해하는 데 초점을 둔다. 이렇게 시험에 나오는 과목 전체 강의를 듣는다. 한 번을 다 듣고 나면 '최대한 빨리 본다'는 마음으로 다시 한 번 더 듣는다. 두 번째로 들을 때는 배속을 높여서 듣는 것이 좋다. 강사가 말하는 속도에 따라 다르지만 보통 1.2~1.4배 정도가 적당하다. 이때 처음 들을 때 해둔 필기를 보면서 제대로 썼는지 확인하며 듣는다. 그리고 그 내용을 머리에 새기는 데 집중한다. 이렇게 강의를 두 번 들은 뒤에 문제를 풀거나 복습을 하면 내용이 어느 정도 이해가 되었기 때문에 좀 더 빠르게 진행할 수 있다.

### 기본서는 빨리 버려라

기본서는 너무 두껍고 내용이 많다. 그렇기 때문에 시간을 절약하려면 강의를 두 번 들은 뒤에 바로 내용을 요약하는 것이 좋다. 이때 혼자 정리하기 어렵다면 시중에 나와 있는 요약서를 활용한다. 두 번째 강의를 들은 직후 기출 문제를 풀어보고 요약서로 복습을 한다. 기본서에 적어둔 필기 중 중요하다고 생각하는 것을 요약서에 옮겨 적고 더 이상 기본서는 보지 않는다. 다른 과목을 공부할 때, 이미 요약서로 옮겨둔 과목들은 출퇴근 시간 또는 잠자기 전에 30분 내외로 반복한다. 이해보다는 암기 위주로, 중요하고 자주 반복되는 내용을 중심으로 반복하면 된다. 지엽적인 부분은 시험 직전에 몰아서 한 번에 암기하도록 하고 처음 공부할 때는 중요한 것 위주로 시간이 날 때마다 암기한다.

시험공부를 위한 2의 법칙을 소개한다. 공부한 내용을 단 2가지로, 2가지 색상을 써 정리하는 것이다. 먼저 중요한 것과 잘 외워지지 않는 것, 이렇게 시험장까지 가져가야 할 것을 단 2가지로 정리하자. 둘 중 하나에 해당되지 않는 것은 과감히 버려야 한다. 예를 들어 기출 문제가 없는 범위의 내용은 제외하는 것이 좋다. 물론 둘 중 하나에 해당되지 않는 것도 시험에 나올 수 있다. 하지만 이렇게 해야 최대한 중요한 것에 집중할 수 있다. 중요한 내용을 먼저 정리하고 난 뒤에 시간이 남으면 범위를 확장해가면서 정리하자.

둘째, 눈에 잘 띄는 2가지 색만 사용하라. 2가지 색이라면 두뇌가 직관적으로 판단할 수 있지만, 3색 이상이 되면 어떤 색이 어떤 의미인지를 한순간에 알기 어려울 수 있다고 한다. 신호등이 파란색이면 진행, 빨간색이면 정지라는 것을 우리는 보자마자 판단할 수 있다. 이처럼 단순한 방식으로 정리하는 것이 빨리 암기하는 데 유리하다.

나는 문제집을 채점하고 오답을 체크하는 데는 빨간색 볼펜을 사용하고, 세 번 이상 봐도 잘 외워지지 않는 부분에는 형광펜을 사용했다. 이처럼 눈에 잘 띄는 색의 펜을 사용해 2가지를 나눠서 표시해두자. 이렇게 해놓으면 자세히 들여다보지 않아도 강조한 부분을 놓치지 않고 확인할 수 있다.

## 기출 문제를 중심으로 연습하자

기출 문제를 통해 시험에 자주 나오는 부분을 알아야 한다. 보통 출제자들은 그 분야에서 상당 기간 공부한 사람들로, 그들이 중요하다고 생각하는 부분은 거의 비슷하다. 나도 경제학 시험 문제를 출제한 적이 있는데, 문제를 내기 전에 기출 문제를 살펴봤다. 그 당시 기출 문제를 보면서 처음 든 생각은 '중요한 것 이미 다 내버렸네. 나는 무슨 문제 내지?'였다. 그렇기 때문에 이미 시험에 나온 문제는 이제 안 나올 거라 생각하면 안 된다.

기출 문제를 통해 중요한 부분이 어디인지 파악하는 것이 가장 효율적이다. 특히 기출 문제를 통해 반드시 정리해야 할 내용은 계산 공식이다. 공식 자체는 변형할 수 없다. 상황과 숫자를 조금 변형해서 다시 문제를 출제할 뿐이다. 시험 마지막 날 계산 공식들을 다시 손으로 적어보지 않으면 의외로 시험장에 가서 헷갈리는 경우가 많다. 심지어 분명히 안다고 생각하고 넘겼던 공식들도 헷갈린다. '어?! 뭐였지? 뭐였지?' 생각하다가 2~3분은 금방 지나가고 '이러다가 아는 문제를 틀리겠다'는 생각에 점점 조급해진다. 반드시 기출 문제에 나온 계산 공식을 마지막에 확인해둬야 한다. 그리고 대통령의 임기(5년)와 같이 정확한 사실이면서 따로 해석할 필요 없이 바로 옳고 그름을 바로 확인할 수 있는 사항은 따로 정리해서 암기해두면 답을 빨리 찾을 수 있다.

어느 정도를 목표 점수로 해서 공부하는 것이 가장 효율적일까? 실제 커트라인의 1.1배를 목표 커트라인으로 생각하고 준비하는 것이 시간 대비 가장 효율적이다. 예를 들어 60점이 커트라인이라면 65~67점 정도를 받겠다는 목표로 공부한다. 커트라인을 목표로 공부하면 오히려 합격할 확률이 낮아진다. 대부분 커트라인을 넘을 것 같다는 느낌이 들면 시험 직전에 안이한 자세로 준비하게 된다. 그래서 마음속으로 10퍼센트를 더 생각해야 한다. 대부분의 시험에서 커트라인의 1.1배가 되는 점수를 받기 위해서는 중요한 것과 잘 안 외워지는 것으로 구분한 내용을 확실하게 암기하고, 시험장에서 문제를 잘못 보는 실수를 하지 않으면 된다.

　나는 이런 방식으로 공부해서 공인중개사 2차는 평균 62.5점을 받아 합격(합격기준 : 과목별 40점 이상, 평균 60점 이상)했고, 미국 공인회계사 시험의 경우 영역별로 75점, 77점, 78점, 80점을 받아 합격(합격기준 : 각 영역별 75점)했다. 이 방법은 절대평가인 시험에 주로 적합하고 상대평가가 적용되는 공무원 시험, 대학 입시 등에는 적용하기 어려울 수도 있다. 경쟁률이 매우 높은 시험에서는 하나라도 더 챙겨보고 지엽적인 부분도 꼼꼼히 봐야 합격할 수 있다. 따라서 이 방법은 시간 대비 효율성이 크다는 것이지 모든 시험을 위한 만능 합격 비법은 아니라는 사실을 명심하자.

# 효과적인
# 객관식 공부법 ✏️

많은 시험이 객관식으로 출제된다. 주어진 보기에서 답을 고르는 객관식 시험의 특성상 문제에서 실제로 어떻게 출제될지를 예상하며 공부하면 같은 시간을 공부해도 높은 점수를 받을 수 있다. 즉, 공부하는 내용이 어떻게 시험에 나올지를 생각하며 공부하면 시험에 나오지 않는 내용에 시간을 쏟을 확률을 줄일 수 있다. 점수를 높이는 효과적인 객관식 시험 공부법은 다음과 같다.

## 문제 풀이를 중심으로 공부하자

시험은 문제를 풀어 점수를 받는 것이므로 당연히 문제를 많이 풀어봐야 요령이 생기고 높은 점수를 받을 수 있다. 그런데 문제를 무턱대고 많이 풀기보다 변형 포인트를 체크하면서 문제를 풀어보는 것이 더 중요하다. 변형 포인트란 시험에 출제되는 보기의 내용을 틀리게 바꾸는 방법을 말한다. 객관식 시험에서 보기를 변형하는 주요 유형(변형 포인트)은 다음과 같다.

» **숫자 혹은 핵심 단어를 묻는다.**

- 공인 중개사 실무 교육은 ( )시간 이상 ( )시간 이하로 한다.

  괄호에 알맞은 숫자는?

» **하나의 개념에 어떤 내용까지 포함되는지를 묻는다.**

- 다음 중 거래 계약서의 기재 사항이 아닌 것은?

» **어떤 사건의 진행 순서나 절차를 묻는다.**

- 국권이 침탈되기까지의 과정을 시기 순으로 바르게 나열한 것은?

» **특정 개념의 유사 혹은 반의 개념을 묻는다.**

- 다음 중 대체재 관계의 재화로 연결한 것은?

» **변화에 따른 추가 영향에 대해 묻는다.**

- 정상재는 소득이 증가하면 수요에 어떤 영향을 주는가?

» **설명의 옳고 그름을 묻는다.**

- 다음 중 수요곡선에 대한 설명으로 옳지 않은 것은?

변형 포인트를 생각하면서 공부하면 좀 더 효율적으로 점수를 얻을 수 있다. 특히 기출 문제를 반복해서 보는 것을 추천한다. 학원가에서 출제되는 문제들도 기출 문제를 변형해서 만드는 경우가 많다. 기출 문제를 중심으로 출제 포인트를 파악하고 문제집을 통해 다양한 형태로 적용해보자.

## 결국 지문은 옳고 그름 중 하나다

객관식 문제는 결국 보기의 O, X를 확인하는 것으로 귀결된다. 여기서는 옳은 문장보다 옳지 않은 문장(틀린 문장)이 중요하다. 옳지 않은 문장에서 변형된 부분이 주로 중요한 내용이기 때문이다.

'옳은 보기'를 찾는 문제라면 '틀린 보기'를 하나씩 제거해가며 답을 찾는 게 효율적이다. 예를 들어 '위탁관리 부동산 투자회사는 본점 외의 지점을 설치할 수 있으며, 직원을 고용하거나 상근 임원을 둘 수 없다'는 문장이 있다고 하자. 이 지문은 틀린 지문이다. 정답은 '위탁관리 부동산 투자회사는 본점 외의 지점을 설치할 수 없다'이다. 여기서 변형 포인트는 본점 외 지점을 설치할 수 있는지 여부이고, 본점 외 지점을 설치할 수 없다는 사실을 알고 있었다면 틀린 보기임을 알 수 있다. 틀린 보기를 찾는 문제에서 틀린 보기를 확실하게 찾았다면 나머지 보기는 볼 필요가 없다.

확실히 옳은지를 판별하기 어려운 보기도 있다. 예를 들어 A의 종류로 B, C, D가 있다고 가정해보자. 문제에서 'A의 종류로 B와 C가 있다'라는 보기가 나오면 출제자에 따라 옳은 보기가 되기도 하고 옳지 않은 보기가 되기도 한다. 이럴 때는 다른 보기와의 관계 속에서 확실한 답을 찾아야 한다.

### 암기해야 할 사항은 따로 정리하자

책에 나와 있는 모든 내용을 전부 암기할 수는 없다. 그러니 암기해야 할 필요성과 출제 빈도에 따라 암기하는 것이 효율적이다. 시험에서 '변형되어 문제로 출제될 가능성이 높은 내용'을 정확하게 암기하는 것이 우선이다. 중요도에 따라 암기해야 할 내용을 분류해보면 다음과 같다.

» **암기 중요도 上**
  • 자주 출제된 적이 있고 반드시 외워야 하는 내용
» **암기 중요도 中**
  • 자주 출제되지만 원리를 이해하면 굳이 암기하지 않아도 풀 수 있는 내용
» **암기 중요도 下**
  • 대부분 수험생이 공부하지 않았거나 시험에서 드물게 출제되는 내용

암기 중요도가 상(上)인 내용은 책에 줄을 치거나 노트에 따로 정리해두고 시간이 날 때마다 반복한다. 그래도 암기가 잘되지 않는다면 암기하기 어려운 내용들만 따로 종이에 적어두었다가 시험 보기 30분 전에 보는 것이 좋다.

# 1점을 올리는
# 주관식 답안 작성법

행정고시 시험을 대비하는 학원에서 학생들의 주관식 답안지 채점 아르바이트를 한 적이 있다. 하루에 10페이지에 달하는 답안지를 20~30개씩 봤어야 했는데, 지금 생각해도 그 양이 정말 많았다. 그러나 답안지의 양보다 나를 더 힘들게 한 것은 답안지의 내용이 대부분 비슷하다는 점이었다. 그렇게 비슷한 내용의 답안지를 보다 보면 한두 개 정도 괜찮은 답안지가 눈에 띈다. 반드시 들어가야 할 핵심 단어가 눈에 잘 보이는 위치에 있는 답안지일수록 확신을 가지고 높은 점수를 줄 수 있었다.

실제로 채점을 해보면 많은 양을 채점해야 하는 상황에서 채점 기준에 따라 기계적으로 채점을 하게 된다. 일단 채점해야 할 답안지에 문제에서 요구한 정답이 있는지부터 찾고 채점 기준에 적시

된 추가 득점 요소가 있는지에 따라 점수를 더 주는 방식으로 채점하게 된다. 채점 기준에 맞추어 채점해야 일관성 있게 점수를 줄수 있다. 그렇다면 주관식 문제는 누가 잘 풀까? 많이 안다고 주관식 시험을 잘 보는 것은 결코 아니다. 아는 것과 표현하는 것은 다른 차원의 문제이기 때문이다. 같은 내용을 공부해도 어떻게 답안을 작성하느냐에 따라 당락이 바뀔 수 있다. 점수를 높이는 효과적인 주관식 답안 작성법은 다음과 같다.

## 핵심 단어를 노려라

응시자들은 많은 정성을 들여 답안지를 작성하겠지만 현실적으로 채점자는 꼼꼼히 채점하기 어렵다. 논술 시험의 경우 교수 한 명이약 1,000명의 답안지를 며칠 만에 봐야 한다고 한다. 평균적으로한 답안지를 채점하는 시간은 3분 이내라고 보면 된다. 그래서 답을 복잡하게 적으면 채점자가 응시자 답안지에 적힌 의도를 파악하기 어려울 수도 있다. 채점자는 심오한 답을 원하지 않는다. 모범 답안에 있는 답을 적었는지가 중요할 뿐이다.

주관식 시험은 무엇을 묻는 문제인지, 즉 어느 부분에서 문제가출제되었는지를 파악해서 그 부분과 관련된 핵심 단어를 쓰는 것이 관건이다. 그리고 두괄식으로 답을 적거나 단락 앞부분에 핵심단어가 명시되도록 작성하면 채점자가 응시자의 의도를 쉽게 파악할 수 있다. 이것이 1점을 올리는 비법이다. 계산 문제의 경우 최종 계산 결과와 중요한 공식을 명확하게 표시해둬야 한다.

행정고시 2차 시험의 경우 넓은 시험 범위에서 한 과목에 3~4문제가 출제되는 구조다. 전 범위를 모두 꼼꼼하게 암기해서 답을 적을 수는 없다. 핵심 단어를 암기해두었다가 시험장에서 그 단어들을 연결해서 문장으로 써 내려갈 수 있도록 공부해야 한다. 예를 들어 외부 효과를 묻는 문제가 나왔다고 생각해보자. '제3자에게 이익 또는 손해', '의도×', '대가×', '공장 매연' 정도로 외워두었다가 다음과 같이 답을 적는 것이다. '외부 효과란 어떤 경제 활동과 관련하여 제3자에게 의도하지 않은 이익 또는 손해를 가져다 주는데도 이에 대한 대가를 지불하지도 받지도 않는 것을 의미한다. 외부 효과의 예로 공장에서 배출하는 매연으로 인근 주민들이 피해를 보는 현상이 있다' 처음부터 완성된 문장으로 암기해서 답안을 작성하고자 하면 핵심 단어가 누락될 수 있다. 1점을 더 얻으려면 핵심 단어가 있어야 한다는 사실을 잊지 말자.

### 간결하게 써라

문장은 간결해야 한다. 문장이 길어지면 의미 전달이 제대로 되지 않을 수도 있다. '(무엇을)~하고,' 또는 '(무엇을)~하며'와 같은 연결어를 가급적 줄여야 한다. 짧은 문장을 싫어하는 사람은 없지만 긴 문장을 싫어하는 사람은 있다.

그리고 주어와 서술어가 알맞게 대응하는지를 확인하며 글을 써야 한다. 예를 들어 '누군가 우리에게 숨기는 게 있으면 서운해지기 쉽다'라는 문장은 '서운해지기 쉽다'에 대한 주어가 보이지 않아 의미가 모호하다. 이때 문장을 '우리는 무언가 숨기는 사람에게 서운해지기 쉽다'로 고치면 내용이 명확하게 전달된다. 주어와 서술어가 알맞게 대응하지 않으면 의미가 모호해져 채점자 입장에서 응시자가 정확한 답을 했는지 판정하기가 어려워지니 주의하자.

## 글씨, 열심히 써라

실제 시험은 중요한 날이니 비싼 필기구를 가지고 가는 경우가 있다. 좋은 필기구를 사용했다고 높은 점수를 주지 않는다. 그보다 평소에 쓰던 필기구를 넉넉하게 가져가는 것이 좋다. 주관식 시험의 경우 갑자기 필기구가 바뀌면 글씨가 잘 안 써진다거나 하는 예상치 못한 문제가 발생할 수도 있다. 자주 쓴 필기구를 가져가서 평소와 같이 시험을 봐야 한다.

일반적으로 글씨를 잘 쓴 사람의 답안지가 보기 편하고 전달력이 좋아 득점에 긍정적인 영향을 줄 가능성이 높다. 답안의 내용이 더욱 중요하지만 1~2점에서 당락이 결정되는 상황에서 1점이라도 더 받을 수 있도록 글씨에 신경을 써야 한다. 만약 글씨를 못 쓰는 경우라면 크게라도 써야 한다. 나도 글씨를 못 쓰는 편이었고, 그래서 글자를 크게 쓰려고 노력했다. 글자를 크게 쓰면 내용의 전달은 잘될 것이라는 생각에서다. 보통 수험생은 시험 보는 중에 마음이 급해져 빨리 쓰려고 한다. 그러다 보면 글씨를 흘려 쓰게 된다. 실제 시험장에서는 의식적으로 천천히 또박또박 쓰려고 노력해야 한다. 시간이 부족하다면 목차라도 또박또박 적어서 무엇을 전달하려고 하는지 눈에 잘 보이도록 해야 한다.

### 효과적인 주관식 답안 작성법 🖊

1. 핵심 단어를 두괄식으로 배치한다.
2. 문장을 짧고 명확하게 쓴다.
3. 글자는 의식적으로 천천히 또박또박 쓰려고 노력한다.

# 혼자 공부하면서
# 방향을 잃지 않는 법 ✏

공부는 결국 혼자 해야 한다. 공부한 내용을 자신의 것으로 만들려면 이를 혼자 숙지하는 시간이 필요하다. 시간 관리 측면에서도 자신의 계획에 맞춰 혼자 공부하는 것이 가장 효율적이다. 그런데 혼자 공부하면 '내가 지금 제대로 공부하고 있는지' 확인하기가 어렵다는 문제가 있다. 망망대해 한가운데 혼자 떠 있는 것 같은 느낌이 들 때도 있다. 그래서 혼자 공부할 때는 정확한 방향으로 나아가고 있는지 확인하며 공부하는 자세를 가져야 한다.

## 경쟁자들과 비교할 필요는 없다

시험을 준비하며 공부하면 '내가 경쟁자들 사이에서 어느 정도 위치에 있는지'가 궁금해진다. 결론부터 말하면 그것은 할 필요가

**혼자 공부할 때는 방향을 잘 잡고 공부해야 한다**

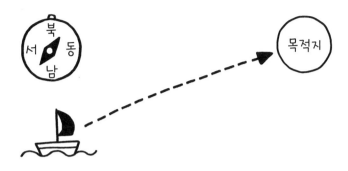

없는 걱정이다. 공부하는 중에 내가 경쟁자들보다 앞서가는지 여부는 중요하지 않다. 합격선의 점수를 받을 수 있는 실력을 만드는 것이 우선이다. 합격할 수준의 실력을 만든 뒤 모의고사 등을 통해 나의 현재 위치를 확인하자.

내가 합격선의 점수를 받을 수 있는 실력으로 가고 있는지는 수시로 확인해야 한다. 우선 기출 문제(최근 5년~10년) 지문들의 핵심 내용을 숙지해야 한다. 어느 부분이 중점적으로 출제되었고 틀린 지문으로 변형한 부분이 어디인지를 정확하게 확인해둔다. 이미 출제된 내용은 완벽히 숙지해서 실제 시험에서 틀리지 않도록 한다.

또한 점수의 추세도 중요하다. 문제집을 풀어보면서 점점 맞히는 문제가 많아지는지를 확인해야 한다. 기출 문제를 보는 속도가 단축되지 않고 공부를 해도 계속 문제를 틀린다면 공부 방법에 문제가 있다는 것을 의미한다. 시험공부는 '나 자신과의 싸움'이고,

내 실력을 쌓는 것이 우선이다.

　나의 공부법이 현재 준비하는 시험에 적합한지 의문이 생길 수는 있다. 하지만 사람마다 알고 있는 지식의 양도 다르고 선호하는 공부법도 다르므로 자신이 가장 효율적이라 생각하는 방법으로 공부하면 된다. 다만 현재 나의 공부법이 시험에 합격할 수 있는 방법인지를 수시로 체크해야 한다. 매일 공부한 범위에 대한 문제를 풀어보고 문제를 얼마나 맞히는지, 틀렸다면 왜 틀렸는지를 분석해보는 시간이 필요하다.

## 공부의 양과 질을 모두 고려하자

공부를 하다 보면 '이 정도 공부해서 합격할 수 있을까?' 하는 걱정이 된다. 시험에 합격하려면 어느 정도의 공부 시간과 책을 보는 횟수를 채워야 한다. 그렇지만 공부 오래 했다고 해서 반드시 합격에 가까워지는 것은 아니다. 고시 공부의 경우 10년 동안 시험 준비를 한 사람도 있다. 만약 공부 시간만이 중요하다면 10년 공부한 사람이 가장 높은 성적으로 합격해야 하겠지만 현실은 그렇지 않다. 결국 공부의 양과 질을 모두 고려해야 한다.

　먼저 양적 측면의 공부란 실제 공부한 시간을 의미한다. 어느 정도 시간을 공부에 투입해야 실력을 쌓을 수 있다. 직장인이라면 한주 20시간 정도에서 최대 35시간 정도까지 확보할 수 있을 것이다. 일단 공부 시간을 최대로 확보하자.

다음으로 질적 측면의 공부란 일정한 시간 안에 얼마나 많이 보았는지를 의미한다. 통상적으로 합격하려면 공부해야 하는 양이 있다. 예를 들어 공인중개사 시험에 합격하려면 최소한 기본서 2회, 기출 문제집 2회, 요약서 3회 정도는 봐야 하고, 추가로 학원 모의고사에 응시하거나 심화학습 강의를 들을 수도 있다.

질적 측면에서 얼마나 공부할지는 자신의 수준에 따라 결정하면 된다. 자신의 실력이 부족하다고 생각하면 책과 강의를 보는 횟수를 좀 더 늘려서 계획한다. 먼저 봐야 할 전체 목표량을 대략 정한다. 그리고 시험 날까지 남은 기간을 알면 오늘 내가 어느 정도 공부해야 하는지를 알 수 있다. 과목마다 시험 합격을 위해 필요한 공부량을 산정하고 일주일 동안 해야 할 양으로 나누면 매일 공부해야 할 양이 도출된다. 이렇게 하루하루의 공부가 쌓여 전체 공부가 완성된다.

양적 측면의 공부와 질적 측면의 공부는 서로 독립적 관계가 아니다. 합격하려면 질적 측면의 공부를 확보하는 것이 필요한데 이를 위해서는 일단 시간을 확보해야 한다. 즉, 양적 측면에서 실제 얼마만큼의 시간을 공부에 투자할지 정하고, 그 시간 내에 최대한 효율적으로 공부해서 질적 측면의 공부도 확보해야 한다.

## » 양적 측면의 공부: 실제 공부한 시간

- 철저한 시간 관리를 통해 시간을 확보한다.

- 확보된 시간 내에 목표량을 달성할 수 있도록 노력한다.

## 사람들이 많이 보는 교재와 강의를 선택하자

혼자 공부하다 보면 교재와 강의를 어떻게 선택해야 하는지 고민된다. 처음 공부하는 과목이라면 인터넷 카페를 통해 사람들이 가장 많이 듣는 강의를 택하자. 그것이 가장 안전한 방법이다. 사람들이 가장 많이 듣는 강의와 교재가 여러 개라면 서점에 가서 교재를 직접 보고 선택하면 된다.

그런데 가장 인기 있는 강의와 교재가 나와 맞지 않는 경우가 있다. 설명하는 내용을 도저히 알아듣기 어렵다거나 수업 방식이 너무 지겹다면 다른 강사의 수업으로 바꿀 필요가 있다. 다만 사람들이 많이 듣는 강의는 마음에 들지 않더라도 가급적 한 번은 끝까지 들어보는 것이 좋다. 다수의 경쟁자가 어떻게 공부하는지 알 수 있기 때문이다.

### 혼자 공부할 때 주의할 점 🖊

1. 남들과 비교하지 않는다.
2. 실력이 향상되는 방향으로 공부하고 있는지를 확인한다.
3. 공부의 양적 측면과 질적 측면을 모두 고려한다.

# 자격증 공부,
# 이것부터 생각하자

직장인에게 자격증은 사회생활의 옷과 같다. 상황과 위치에 어울리는 옷을 입어야 잘 입었다고 평가받을 수 있다. 많은 옷보다 나에게 필요한 옷을 가지고 있어야 한다. 다른 사람에게 어울린다고 나에게 어울린다는 보장은 없다. 직장인이 무턱대고 자격증을 딴다고 해서 취업이나 이직에 도움이 되는 것은 아니다. 과연 어떤 것이 나에게 도움이 될지 정확하게 알고 준비해야 헛수고를 하지 않는다.

### 개수는 중요치 않다

자격증은 양보다 질이 중요하다. 쉬운 자격증 여러 개를 합격하는 것보다 그 분야에서 가장 권위 있는 시험 한 개를 합격하는 것이 자신의 실력을 알리는 데 더 도움이 된다. 예를 들어 면접이나 자기소개서에서 나를 상대방에게 소개할 때 지금까지 취득한 100개의 자격증을 모두 소개한다고 가정해보자. 일일이 말할 시간도 없을 것이고 말한다고 해도 면접관이 제대로 기억하지도 못할 것이다. 직장에서도 마찬가지다. 직장 상사에게 내가 딴 100개의 자격증을 다 소개할 시간이 없다. 명성 있고 업무에 도움이 되는 자격증이 있어야 상대방에게 좋은 인상을 줄 수 있다. 아무나 쉽게 딸수 있는 자격증은 여러 개 가지고 있어도 자격증을 따는 데 들인 노력에 비해 높은 성과를 얻기 어렵다.

### 향후 전망을 살펴라

내가 공부할 자격증을 선정할 때 가장 중점을 두고 고려하는 요소가 바로 향후 전망이다. 앞으로 자격증을 얼마나 잘 써먹을 수 있을지, 그 시험의 난도가 향후 높아질 것인지를 따져보는 것이 중요하다. 자격증의 향후 전망은 경제 상황, 응시자 수의 변화와 같은 여러 요소를 종합적으로 고려해야 한다.

실제로 나는 저금리 시대에 다소 안정적이면서 수익률이 높은 부동산 시장에 자금이 모이게 될 것이고 부동산 거래에 관심이 많아질 것이라 판단해서 공인중개사 시험에 관심을 가지게 되었다. 실제 공인중개사 시험의 응시자 수는 2차 시험을 기준으로 2013년 62,380명에서 2018년 120,558명으로 5년 사이에 두 배 정도 증가했다. 공인중개사는 사람들이 많이 관심을 가지는 자격증이라 볼 수 있다. 나의 경우에는 공인중개사 시험공부를 통해 업무에도 많은 도움을 받기도 했다.

여러 제반 상황을 고려해 제대로 분석을 했다면 주변 사람들의 말에 흔들릴 필요가 없다. 내가 처음 국제재무분석사를 준비할 때만 해도 공무원 사회에서 국제재무분석사를 아는 사람은 드물었다. '이런 공부를 왜 하냐'고 묻는 사람도 있었다. 하지만 외국에서는 이미 권위 있는 자격증이었고 앞으로 한국에서 그 위상이 높아질 것을 예상하고 공부를 시작했다.

### 다른 사람들이 가지기 어려운 조합으로 구성하라

많은 사람이 가지고 있을수록 그 자격증의 가치는 떨어진다. 희소가치를 염두에 두고 사람들이 둘 다 갖추기는 어려운 분야로 경력과 자격증 조합을 구성하는 것이 좋다. 예를 들어 세법을 잘하는 사람의 수보다 세법과 영어를 둘 다 잘하는 사람의 수는 훨씬 적다. 만약 세무 관련 업무를 하고 있다면 추가로 영어를 더 잘하는 것이 나의 가치를 급격하게 올려줄 것이다. 이런 조합은 얼마든지 만들어낼 수 있다.

### 합격할 수 있는 시험을 준비하라

시험공부를 시작하기 전에 현재 내가 가용할 수 있는 시간과 비용이 어느 정도인지 계산해보자. 그런 다음 자격증 시험을 준비하는 데 어느 정도의 기간이 필요한지, 한 주에 공부할 수 있는 시간이 어느 정도인지를 가늠해봐야 한다.

여러 현실적인 여건도 고려해야 한다. 미국 자격증 시험의 경우 응시료가 만만치 않다. 예를 들어 국제재무분석사 시험의 응시료는 등록 기간에 따라 레벨당 약 71만 원에서 140만 원이다. 미국 공인회계사 시험의 경우 미국 영토에 직접 가서 시험을 봐야 한다. 또한 미국 공인회계사 시험은 주(州)별로 일정 학점을 시험 응시 요건으로 요구한다. 이처럼 자격증 시험을 준비하기 전에 현실적인 고려 사항을 모두 확인하고 현재 시험에 응시할 수 있는 여건이 되는지를 면밀하게 파악해두어야 한다.

# 제5장

# 공부하는
# 직장인을 위한
# 마인드셋

# 다시 공부하기 전,
# 생각해봐야 할 3가지

'공부머리는 타고 난다'는 말이 있다. 과연 공부머리는 정말 타고 나는 것일까? 고등학생 시절, 나는 반 친구들에게서 "내가 형재만 큼 공부했으면 전국 1등 하겠다"라는 말을 자주 들었다. 더 어렸을 때도 똑똑하다는 소리는 별로 들어본 적이 없다. 좋은 대학이라는 결과물이 나오기 시작하면서야 비로소 "형재는 머리가 좋네"라는 말을 듣기 시작했다.

공부를 해보니 결국 공부머리는 결과로 평가될 뿐이었다. 성적 이 잘 나오면 공부머리가 있는 사람이고 그렇지 않으면 공부머리 가 없는 사람이다. 성적이 낮았다가 높아지면 원래 공부머리가 있 던 사람이 잘하게 된 것이라고 생각한다. 성적이 높았다가 떨어지 면 머리는 좋지만 노력을 하지 않아서 그렇다고들 말한다. 결국

'성적=공부머리'라는 단순한 공식으로 생각할 뿐이다.

의사가 되는 것이 꿈이었던 나의 형은 고등학교를 졸업할 때까지 성적이 좋지 않았다. 형이 고3 때 본 수능 성적은 의대 입학 성적에 크게 못 미쳤고 형은 재수를 시작했다. 그 당시에 형이 의대를 갈 것이라고 기대하는 사람은 아무도 없었다. 부모님도 '재수하면 그래도 지금보다는 좋은 대학에 갈 수 있겠지' 하고 생각하셨던 것 같다. 그렇게 형은 재수, 3수, 4수를 하게 되었다. 4수를 해도 의대에 갈 정도의 점수는 나오지 않았다. 주변 친구들은 이제 공부를 그만하라고 했다. 부모님도 이제는 적당한 대학에 들어가기를 바랐지만, 형의 의지를 꺾을 수는 없었다. 그런 의지와 노력은 결국 5수 끝에 통했고 형은 의대에 입학할 수 있었다.

물론 의대에 들어갔다고 해서 해피엔딩이 되는 것은 아니었다. 의사가 되기까지는 많은 노력이 필요하다. 형이 서울에서 레지던트 생활을 할 때 외출을 나오면 내 원룸에서 같이 쉬곤 했다. 내가 지켜본 레지던트 생활은 '샤프한 머리'보다 '처절한 노력'이 필요해 보였다. 내가 형에게 "이건 진짜 아닌 것 같은데 차라리 중간에 그만두는 게 낫지 않겠어?"라고 말할 정도였다. 하지만 형은 그 힘든 기간을 버텨냈고, 결국 대학병원의 교수가 되었다. 사람들은 의사는 당연히 똑똑할 거라 생각한다. 그러나 그 '똑똑함'이라는 평가는 피나는 노력으로 얻은 결과물이다.

그러니 우리는 '공부머리'보다 '노력의 가치'에 집중해야 한다.

머리의 좋고 나쁨을 따지고 신세를 한탄하기보다 현재의 노력이 내 삶의 밀도를 높일 수 있는 방법을 고민해야 한다. 공부머리는 타고 난다는 통념에 빠져 신세한탄만 한다면 노력의 가치에 대해 알 수 있는 기회를 스스로 잃게 될 것이다.

직장인이 공부에 노력을 쏟는다면 그 노력의 가치를 잃지 않도록 해야 한다. 나의 노력이 가치를 인정받으려면 애쓰는 방향이 중요하다. 약 12년간 직장생활을 하면서 '나는 언제까지 직장생활을 해야 하는가', '내가 원하는 나의 모습은 무엇일까', '정말 노력하면 나의 삶이 달라질 수 있을까'와 같은 의문이 들었다. 중요한 것은 그런 의문들에 대해 편향되지 않는 시각으로 답을 찾아봐야 한다는 것이다. 그러기 위해서는 나를 정확하게 바라볼 수 있어야 하고, 나와 주변의 관계에서 어떻게 행동해야 하는지를 알며, 내가 사는 세상에서 어떻게 행동해야 하는지에 대해 고민해야 한다.

**나와 주변, 세상에 대해 생각해보라**

나 자신과 주변 그리고 세상을 어떻게 보느냐에 따라 나의 고민, 사람들이 하는 말, 사회의 통념들이 달리 보일 수 있다. 이 장에서는 내가 나·주변·세상을 어떻게 바라봐야 하는지를 생각해보면서 '공부하는 직장인이 가져야 할 마음가짐'에 대해 설명하고자 한다.

# 당신도 스스로 발전하는 능력을 가지고 있다

'나는 타고난 능력이 왜 이렇게 부족할까?', '나는 왜 좋은 머리를 가지고 태어나지 못했을까?' 누구나 살면서 한번쯤은 해보는 생각이다. 그런데 왜 우리는 항상 가지고 있는 것보다 가지지 못한 것에 더 높은 가치를 부여할까? 꼭 가지고 있는 것을 잃어버리고 나서야 비로소 가졌던 것의 소중함을 느끼게 된다. 마치 아프고 나서야 건강의 소중함을 느끼는 것처럼 말이다.

나는 사람은 태어날 때부터 스스로 발전하는 방법을 알고 태어났다고 믿는다. 먹고 자면 신체가 자연스럽게 성장하듯, 보고 경험하며 스스로 성장하는 방법을 어쩌면 우리는 이미 알고 있을지도 모른다.

아이들은 좋으면 좋다, 싫으면 싫다는 감정을 자유롭게 표현한다. 자신의 감정을 표현할 때 다른 사람의 눈치를 보거나 하지 않는다. 하지만 나이가 들수록 자기감정을 표현하는 데 서툴러진다. 감정을 숨기고 참느라 스트레스를 받고 스트레스가 쌓이면 마음의 병이 되기도 한다. 너무 힘든 상황인데도 '난 괜찮아, 아무 일도 없어'라고 억지로 생각한다면 문제는 해결되지 않고 스트레스만 쌓인다. 왜 우리는 자기감정에 솔직해지지 못하는 걸까?

우리 사회는 감정에 솔직한 행동을 하면 '사회생활을 잘 못한다'라고 평가한다. 감정에 솔직한 것을 미숙한 행동으로 평가하고 가급적 그렇게 행동하지 않도록 가르친다. 심지어 조직생활에서 감정에 솔직한 행동을 하면 불이익을 받을 수도 있다.

술을 좋아하는 상급자 C와 회식을 한 적이 있다. 술자리에서 상급자 C가 나에게 "이 사무관은 술 안 좋아한다고 하지 않았나?"라고 물어보았고, 나는 "네, 좋아하지 않습니다"라고 답했다. 그러자 상급자 C는 "그런데 왜 술을 마시고 있나?"라고 질문을 이어갔고, 나는 "회식 분위기를 맞추어드리기 위해 마시고 있습니다"라고 했다. "아뇨, 술 좋아합니다. C님께서 주시니 더 좋습니다"라는 답변이 사회생활에서 좋은 답변이었을지 모른다.

나도 사회생활을 처음 시작할 때는 상사에게 잘 보이기 위해 수많은 '거짓말'을 했다. 그렇게 생활하다 보니 어느 순간 '아무도 알아주지 않는 스트레스'만 쌓이고 나만 힘들어진다는 사실을 깨닫게 되었다. 그 이후부터는 솔직하게 말하고 산다.

아부를 잘하는 사람일수록 직장생활에서 유리하다. 대부분의 상사는 솔직하게 말하는 부하에게 큰 매력을 느끼지 못하는 것이 현실이기 때문이다. 나는 상사에게 잘 보여서 혜택을 보지 않겠다고 결심했고 그에 따른 부족한 부분을 보완하기 위해 더 실력을 쌓겠다고 마음먹었다. 그렇게 생각하니 오히려 마음이 편해졌고 공부에 더욱 매진할 수 있었다.

### 사회적인 평가에 얽매이지 말자

아이들은 자기가 좋아하는 무늬가 있는 옷을 입고 싶어 한다. 비싼 옷인지 또는 그 옷이 명품인지를 따지지 않고 편하고 자기가 좋아하는 스타일의 옷을 입고 싶어 한다.

그런데 우리는 어느 순간부터 다른 사람의 눈치를 보며 살기 시작한다. '이 옷이 어떤 브랜드의 옷인데…', '어제 고급 레스토랑에 가서 ○○을 먹었는데…' 등 유치원이나 초등학교만 가도 같은 반 친구들이 이런저런 자랑을 하기 시작한다. 친구들이 자랑하면 그것을 부러워하며 따라 하고 싶어진다. 어른들이 만든 평가 기준에 물들어가는 것이다.

다른 사람들의 평가엔 나에게 중요하지 않은 것들이 섞여 있다. 그것을 구분해내야 나에게 맞는 자기계발 방법을 찾을 수 있다. 효과적인 자기계발을 위해선 나에게 불필요한 사회적 평가를 걸러낼 필요가 있다.

몇 년 전 어느 백화점에 당시 여자 친구와 함께 쇼핑을 하러 갔다. 쇼핑 중 눈에 들어오는 옷이 있어서 나는 먼저 매장에 들어가 한번 입어 보겠다고 하고 탈의실에 들어갔다. 잠시 후 여자 친구가 뒤따라 들어왔다가 직원들이 내 험담을 하는 것을 듣게 되었다. 그들의 험담은 대략 '살 능력은 되겠어?' 하는 내용이었다고 한다. 나는 평소 옷을 잘 차려입고 다니는 편이 아니기에 내 행색을 보고 그런 소리를 한 모양이다. 하지만 그 이야기를 듣고도 나는 그다지 기분이 나쁘지 않았다. 어차피 나에게는 중요하지 않은 평가이기 때문이다. 중요하지 않은 평가에 스트레스를 받으면 결국 나만 손해 아니겠는가.

## 무엇이든지 시도해보자

아이들의 가장 놀라운 점은 일단 무엇이든 시도해본다는 것이다. 아이의 입장에서는 모든 것이 새롭다. 아이가 두려움 없이 시도하는 모습을 보면, 의사 결정을 할 때 갈등하는 내 모습과 대조가 되면서 때로는 부럽기까지 하다.

우리는 나이가 들수록 새로운 무엇인가를 시도할 때 주저하게 된다. 주변 사람들의 눈치를 보기도 하고 이것저것 현실적인 고려 사항도 많아진다. '이제야 ○○시험공부를 한다고 하면 한심하게 보지 않을까?', '○○대학을 졸업했는데 이런 거 한다고 하면 나를 뭐라고 생각할까?', '이제 새로운 것을 시작하기에는 나이가 너무 많아' 같은 생각이 도전을 멈추게 한다.

몇 년 전 대학 시절 친구와 진로에 대해 대화를 나눈 적이 있다. 앞으로 어떻게 살아야 할지 고민된다는 나의 말에 그 친구는 결정적인 조언을 해주었다.

"나도 진로에 대해 고민할 때 여러 사람에게 조언을 구했어. 무엇인가를 시작하거나 결정할 때 나 자신만 생각하면 정답이 보일 거라는 말이 가장 도움이 되더라. 나도 그렇게 생각하니 마음이 편해지고 무엇이든 해볼 용기가 생겼어."

내가 하고 싶은 것을 용감하게 시도해보면 될 것을 너무 오래 고민하고 눈치를 보는 것이 문제였다. 많은 사람이 '제 나이가 ○○살인데 ○○시험을 준비해도 될까요?'라는 질문을 한다. 그런데 재미있는 사실은 25세, 30세, 35세가 모두 같은 질문을 한다는 것이다. 어린아이는 숟가락질을 시도하기 전에 '내가 숟가락을 잡을 수 있을까?', '잘못하면 엄마가 비웃지 않을까?'라고 생각하지 않는다. 그런 용기가 없었다면 숟가락질도 배우지 못했을 것이다.

## 사소한 행복을 알아야 발전한다

어린 시절을 '낙엽만 굴러도 웃는 나이'라고도 말한다. 무엇에든 호기심이 생기고 즐거운 시절이라는 의미다. 아이들은 작은 소리와 표정 변화에도 잘 웃는다.

어른이 되어서도 작은 기쁨을 알아야 발전할 수 있다. 아파트 구입, 대기업 입사, 시험 합격, 대학 입학과 같은 큰 이벤트는 매일 생길 수 없다. 큰 행복만을 맹목적으로 좇다 보면, 어느 순간 일상이 불행해지는 것을 느낀다. 작은 것에 관심을 가지고 살아야 행복하다. 의사가 되는 꿈을 이루고 대학병원 교수가 된 나의 형은 조카 사진이나 영상을 보면 눈이 반짝거릴 정도로 좋아한다. 큰 꿈을 꾸는 것도 좋지만 사소한 것에 행복을 느낄 수 있어야 즐거운 인생이 된다.

우리는 이미 좋은 삶을 살 수 있는 능력을 갖추고 태어났다고 생각한다. 그런데 '내가 가진 능력을 너무 과소평가만 하면서 살고 있지는 않은가' 생각해보자.

# 슬럼프를 만든 건
# 나 자신이었다 ✏️

공부를 하다 보면, 어느 순간 슬럼프가 왔음을 직감한다. 표준국어대사전에서 슬럼프의 뜻을 찾아보면 '운동 경기 따위에서 자기 실력을 제대로 발휘하지 못하고 저조한 상태가 길게 계속되는 일'이라고 되어 있다. 공부에서 슬럼프란 '무기력함을 느끼고 공부에 집중할 수 없는 상태가 계속되는 것'을 말한다.

  슬럼프는 동기부여라는 연료가 부족해진 상태다. '정말 하고 싶어서'가 아니라 '그냥 해야 할 것 같아서' 또는 '다른 사람들이 좋다고 하니까'라고 생각하며 공부를 시작했다면 동기 부족으로 인한 슬럼프가 찾아올 가능성이 크다. 하루아침에 슬럼프가 오는 경우는 없다. 작은 좌절감이나 회의감이 쌓이다 보면 결국 슬럼프가 찾아온다.

슬럼프가 찾아오는 계기는 다양하다. 특정 계절(주로 봄이나 가을)이 되면 찾아오기도 하고 연인과 갑자기 이별하게 된 경우와 같이 심리적인 충격을 주는 사건을 계기로 슬럼프가 나타나기도 한다. 연인을 위해 공무원 시험 준비를 했었는데 그 사람과 이별했다고 해보자. 공부를 왜 하나 싶은 생각이 수험생활을 조금씩 무너뜨릴 것이고, 상승하던 점수가 정체되기 시작한다. 공부를 해도 잘 안 될 것이라는 좌절감으로 이어지고 결국 공부를 전혀 하지 않게 되면서 슬럼프가 찾아온다.

또한 공부를 열심히 해도 성적이 오르지 않는다는 생각이 들 때 슬럼프가 찾아오기도 한다. 지금까지 순조롭게 공부했고 점수를 올리는 비결이나 공부법을 알고 있다고 생각했는데 실제 시험에서 점수가 정체되거나 오히려 하락한다면 당황하게 된다. 그 당혹감은 좌절감으로 바뀌며 슬럼프가 찾아온다.

'어떻게 좌절감에서 벗어날 수 있는지'를 알지 못하면 악순환의 고리에서 빠져나올 수 없게 된다. 슬럼프의 소용돌이에서 벗어나지 못하면 상당 기간 빠져나오기 어려워진다. 일단 슬럼프에 빠지면 아무리 공부해도 점수가 잘 오르지 않는다. 그런데 슬럼프에 빠지는 과정을 자세히 살펴보니 많은 이유가 나 자신에게 있다는 것을 알게 되었다. 내가 나 자신을 바라보는 생각과 감정이 나를 슬럼프로 이끌고 있었던 것이다.

## 나는 슬럼프를 즐기고 있었다

내가 본 경험으로는 슬럼프에 빠진 사람들이 의외로 그 감정을 즐기는 경우가 많았다. 여기서 '즐긴다'는 말은 슬럼프에서 느끼는 감정을 통해 '위로 받기를 원한다'는 의미다. 슬럼프를 당장 극복하기 위해 노력하기보다 그 감정을 통해 주변 사람에게 위로받고자 한다. 일종의 보상심리일 수도 있다.

봄이 되어 친구들이 여기저기 여행을 가는 모습을 보며 우울해질 것이다. '지금까지 충분히 노력하며 살았는데 아직도 나는 하루 종일 공부를 하는 삶을 살고 있는가' 하는 생각이 든다. 사실 이러한 감정은 오랫동안 힘든 공부를 할 때 누구나 느끼게 된다. 나도 직장인이 되어 주말에 공부하면서 이런 감정에 휩싸일 때가 많았다. 이때 누군가가 나타나 나의 마음을 이해해주고 힘과 확신을 주기를 바라겠지만 그런 경우는 별로 없다. 슬럼프에서 빠져나오려는 노력을 스스로 하지 않으면 슬럼프는 절대 극복할 수 없다. 슬럼프의 감정을 누군가에게 위로받으려고 기다리지 마라. 그 감정을 스스로 떨쳐낼 수 있어야 한다.

## 열심히 공부해도 슬럼프는 온다

열심히 공부했는데 슬럼프가 찾아오는 경우도 있다. 실제 시험에서 점수가 오르지 않는 경우 열심히 공부한 사람이 더 큰 좌절감을 느끼게 된다. 이런 좌절감은 대체로 잘못된 공부법에서 오는 경우가 많다. 점수로 이어지지 않는 공부를 한 까닭이다.

이런 슬럼프에 빠지지 않기 위해서는 '나의 공부가 제대로 가고 있는지'를 매일 확인해보려고 노력해야 한다. 문제를 풀어보며 '점수가 향상되고 있는지' 또는 '어떤 부분이 부족한지' 등을 매일 체크해야 한다. 만약 현재의 공부법이 실력 향상으로 이어지지 않는다면 공부법을 바꾸어야 한다.

반대로 공부를 하지 않고 시험을 보았는데 예상 밖의 고득점을 한 경험이 슬럼프를 만들기도 한다. 고득점을 한 경험으로 '조금만 더 공부하면 충분히 이 시험에 쉽게 합격하겠구나'라고 생각하며 공부를 시작했는데 의외로 점수가 오르지 않거나 오히려 처음에 시험을 본 것보다 떨어지는 경험을 할 수도 있다. 우연히 높은 점수를 받은 시험이 독이 된 경우다. 시험 관련 인터넷 카페를 보면 '기출 문제를 풀고 채점해보니 어느 정도 점수가 나오는데 이 정도면 합격할 수 있는지'를 묻는 글이 종종 올라온다. 안타깝지만 기출 문제를 많이 맞혔다고 합격에 가까운 것은 아니다. 모의고사에서 점수가 잘 나온 것에 너무 큰 의미를 부여해서는 안 된다.

### 슬럼프는 언제든 극복할 수 있다

슬럼프의 원인이 되는 일을 자발적으로 하면서도 그 사실을 가볍게 여기다가 슬럼프에 빠지는 경우도 의외로 많다. 담배를 끊으면 집중력이 향상되고 피로가 줄어든다고 한다. 하지만 흡연자들은 담배를 끊으면 오히려 스트레스가 더 심해져 공부에 방해가 된다며 담배를 끊지 않는다. 담배를 끊는 것이 쉽지 않다 보니, 흡연이 공부에 도움이 되지 않는 생활 습관이라는 사실을 알면서도 고치지 못한다. 공부를 할 때는 합리적인 겸손함을 지니는 것이 중요하다. 객관적으로 잘못된 것이라고 판단되면 스스로 바꾸려는 노력을 해야 한다.

나도 공부하면서 많은 슬럼프를 겪었다. 어쩌면 직장인의 공부는 매 순간 슬럼프에 빠질 위기를 극복하는 과정인지도 모른다. 슬럼프의 위기가 올 때마다 떠올리자. 슬럼프는 내가 만드는 것인 만큼 내가 극복할 수 있다. 슬럼프는 언제든 찾아올 수 있고 나는 언제든 극복할 수 있다.

# 실패에 좌절하지
# 않아도 된다 🖋

모든 일에는 결과가 있고 우리는 그 결과를 성공과 실패라는 잣대로 평가하게 된다. 공부도 마찬가지다. 시험에는 1등과 꼴찌가 존재한다. 어딘가에 입사 또는 입학원서를 낸 경우라면 정원 미달이 되지 않는 이상 합격자와 불합격자가 생긴다. 대회에 나가는 경우 누군가는 대상을 받고 누군가는 탈락하게 된다.

누구나 자신이 대상, 1등, 합격자이고 싶겠지만 현실에서 항상 그렇게 되기는 어렵다. 그리고 내가 그렇게 중요하게 생각하지 않았던 일이라도 잘 풀리지 않으면 기분이 좋지 않다. 선물로 받은 로또 복권이 당첨되지 않아도 별로 기분이 유쾌하지 않은 것이 사람 마음이다. 그런데 좀 더 차분하게 생각해보면 실패에 너무 좌절하거나 기분 나빠할 필요가 없다는 결론에 이른다.

앞서 언급한 사법 고시, 공인회계사 시험, 미국 변호사 시험, 미국 공인회계사 시험에 합격한 사람을 처음 만났을 때 물었다. "어떻게 하면 저 시험에 다 합격할 수 있나요?" 그러자 그는 "합격한 시험보다 탈락한 시험이 훨씬 많습니다"라고 답했다. 그 대답을 들으니 내가 '정말 바보 같은 질문을 했구나' 하는 생각이 들었다. 우리가 매번 듣고 살아온 '수많은 실패와 좌절 없이는 성공할 수 없다'는 말을 피부로 느낄 수 있었다.

만약 어떤 시험의 경쟁률이 100대 1이라면 100명 중 1명만이 합격하는 것이다. 탈락하는 사람이 99명이다. 합격하는 것이 매우 특별한 상황이다. 경쟁률이 높은 시험을 준비하면서 합격한 시험보다 탈락한 시험이 많은 것은 당연한 결과다.

시험뿐만 아니라 모든 일이 그렇다. 공부를 통해 내 삶이 변화하기까지는 오랜 시간이 걸린다. 팀 페리스는 『나는 4시간만 일한다』에서 정해진 근무시간 안에 중요 업무를 효과적으로 보는 법을 소개한다. 시간은 이용가능한 양에 비례해 무한정 낭비할 수 있으니, 마감 시간을 정해두고 근무 시간을 줄이면 중요 업무로만 해당 시간을 채울 수 있다는 것이다. 이 부분이 인상 깊게 와 닿아 내일부턴 조금 효율적으로 업무를 보고자 다짐했었다. 하지만 그 책을 본 다음 날도 어김없이 아침 일찍 출근해서 밤 11시까지 일을 했다. 직장생활을 하면서 중요한 일로만 업무를 제한하는 것도, 근무

시간을 마음대로 조정하는 것도 책에서 말하는 것처럼 쉽지 않았다. 이런 변화가 우리의 삶에 녹아들기까지는 오랜 시간과 노력이 필요하다. 이렇듯 우리는 모두 열심히 공부해서 당장의 삶의 변화나 성공을 기대하지만, 변화는 빨리 오지 않는다. 그러니 실패했다고 좌절하기보다 노력하는 과정 자체를 즐기고, 그 과정 속에서 조금씩 변하는 삶의 모습을 살펴보자.

### 부끄러운 것은 실패가 아니라 과정이다

수많은 책이나 명언은 '실패는 성공의 과정'이라고 말한다. 하지만 우리는 실패를 부끄러워하고 탈락에 좌절하게 된다. 언제부터 실패를 부끄럽게 생각하게 되었을까? 우리는 성장하는 과정에서 어른들에게서 결과물을 요구받는다. 명절에는 친척 어른들이 '학교에서 몇 등 하는지'를 물어본다. 어렸을 때 길에서 부모님 친구를 만나면 '공부 잘하니?'라고 물어본다. 그것이 우리 사회의 인사법이다. 우리 사회의 교육 체계는 성적이라는 결과물에 따라 판단하다 보니 대부분 실패에 좌절감을 느낄 수밖에 없다.

대중 매체에 등장하는 성공담을 보면, 성공하기 전에 경험했던 많은 실패를 소개하기도 한다. 그러나 보통은 실패의 과정을 소개하는 데는 시간을 아주 조금 할애하거나 실패를 성공을 위한 과정 정도로 소개한다. 하지만 내가 현실에서 겪는 실패는 미래의 성공을 담보하지 않는다. 주변 사람들이 보는 '나의 실패'는 '현재의 좌절'로 인식될 뿐이지 미래의 성공으로 생각되지는 않는다. 그러다 보니 누구나 실패라는 결과를 숨기고 싶어 한다.

그러나 실패보다 진짜 부끄럽게 생각해야 할 것은 과정이다. 즉, 실패의 결과보다 열심히 하지 않은 과정을 부끄럽게 생각해야 한다. 내가 중학교를 다닐 때 많은 학생이 시험 점수가 떨어지면 성적표를 숨기고 친구들에게 성적을 공개하기를 부끄러워했다. 그런데 정작 참고서를 산다고 부모님께 거짓말을 하고 돈을 받아 게임을 한 것에 대해서는 성공적으로 부모님을 속이고 이루어낸 성과인양 친구들에게 자랑스럽게 말하고 다닌다. 우리는 실패라는 결과물을 부끄러워해야 하는 것이 아니라 발전하기 위해 지켜야 할 가치를 지키지 못한 행동을 부끄러워해야 한다. 열심히 노력했는데도 실패를 경험했다면 최소한 후회할 일은 아닌 것이다.

### 한 번의 성공이면 된다

살면서 여러 성과를 내야 하는 경우는 몇 번 안 된다. 보통은 대학입시, 취직 시험, 자격증 시험 등 몇 번의 시험에서 좋은 성적을 내면 된다. 공무원 시험의 경우 1년에 여러 번 시험이 있고, 그중 한 번만 합격해도 공무원이 될 수 있다. 사실 우리는 단 한 번의 성공을 위해 여러 번 실패를 하는 것이다. 한 번의 실패에 감정을 크게 소모할 필요가 전혀 없다. 결정적인 한 번만 좋은 결과를 얻으면 된다.

내가 대학생일 때 학점이 아주 높은 대학 선배가 수십 곳에 원서를 냈는데 거의 대부분 서류에서 합격했다. 후배들이 그 선배를 보며 대단하다고 난리였다. 하지만 그 선배도 결국 입사할 수 있는 직장은 한 군데다. 수많은 서류 합격보다 가고 싶은 곳 한 군데에 합격하는 것이 중요하다.

성공도 실패도 결국 나와 인연이 있는 것만이 의미가 있다. 내 인생에서 중요한 일에 실패했더라도 다시 기회를 만들어 성공하면 된다. 그러니 실패했다고 좌절하지 말자. 한 번만 성공하면 이전에 있었던 여러 번의 실패는 성공을 위한 과정으로 변해 나의 성공을 빛나게 해줄 것이다.

# 실패했을 때
# 현명하게 대처하는 법

∶
∶

실패를 통해 더 큰 성공을 얻을 수 있다고 하지만, 가급적이면 실패를 안 하는 것이 좋긴 하다. 어쨌든 실패를 했다면 그 이후부터 중요한 것은 대처 방법이다. 실패를 잘 받아들여야 미래에 좋은 결과를 볼 수 있다. 현명하게 대처하지 못하면 현재의 실패는 미래의 실패로 이어진다. 그 흐름을 끊어야 한다.

### 공부를 하다 보면 그런 날도 있는 것이다

'배틀그라운드'라는 게임은 최대 100명의 플레이어와 전투를 벌이는 게임이다. 플레이어가 전투 중에 탈락하면 '그럴 수 있어. 이런 날도 있는 거지 뭐'라는 자막이 뜬다. 공부도 마찬가지다. 공부를 하다 보면 그런 날도 있는 것이다.

열심히 공부해도 성적이 오르지 않거나 오히려 떨어지는 경우가 있다. 정말 준비를 많이 했는데 전혀 생각지도 못한 나쁜 성적을 받을 수도 있다. 나도 언제나 좋은 결과를 받은 것은 아니었다. 지독하게 공부해서 간신히 최종 시험에 합격했을 뿐이지 그 과정에는 항상 굴곡이 있었다.

한두 번 결과가 좋지 않았다고 좌절할 필요는 없다. 실력이 꾸준히 오르고 있는지, 체력과 컨디션은 잘 유지되고 있는지를 지속적으로 확인하는 것이 중요하지, 과정에서 오는 잠깐의 좌절은 크게 개의치 않아도 된다. 실패를 털어내는 마음을 가져야 다음에 더 노력할 수 있다.

### 결과와 감정을 분리하라

사람이 실패를 겪으면 감정이 예민해지고 주변 사람들에게 짜증을 내기도 한다. 더 심하면 무기력감으로 이어진다. 그런데 재미있는 사실은 시간이 지나면서 실패한 결과는 기억에서 사라지고 그때 느낀 안 좋은 감정만이 남아 나를 괴롭힌다는 것이다. '안 좋은 시험 결과'와 '기분 나쁜 감정'을 분리해야 한다. 실패한 일이 있다면 왜 그런 결과가 나왔는지를 분석하면 될 일이다. 결과로 인한 안 좋은 감정을 계속 가지고 있으면 오히려 공부에 악영향을 끼쳐 합격에서 멀어지게 된다.

시험을 준비하는 경우 많은 사람이 시험을 보고 난 뒤 느끼는 감정은 '조금만 더 준비할 시간이 있었더라면'이라는 후회다. 그런 감정을 느꼈다면, 대책을 세우면 된다. 어쩔 수 없이 미뤄지는 기간도 계획을 세울 때 고려해보자.

나는 행정고시를 준비할 때 시험 보기 1개월 전에 모든 내용을 완전히 숙지할 수 있도록 공부 계획을 세웠다. 아무리 체계적으로 계획을 세워도 항상 계획보다 진도가 밀린다는 것을 경험을 통해 알고 있었기 때문이다. 실제 행정고시 공부는 계획보다 2주가 밀렸고, 여유 기간을 둔 덕에 2주 정도 여유롭게 준비할 수 있었다.

시험장에서도 마찬가지다. 실수를 용납하지 않는 사람은 최대한 완벽하게 문제를 읽고 답을 하려고 노력한다. 서울대학교를 매우 우수한 성적으로 졸업한 나의 지인 중에서는 대학교 중간·기말고사를 볼 때 자신이 쓴 답안을 3~5번 이상 다시 확인하고 제출한다고 했다. 답안지를 확인하는 시간을 확보하기 위해 더 빨리 시험 문제를 풀 수 있도록 준비한다고도 했다.

실패 요인을 제거하려는 노력이 있어야 이후에 발전할 수 있다. 그런데 보통은 실패로 기분만 상하고 행동은 변하지 않는다. 행동이 변해야 같은 이유로 실패하지 않는다. 너무 당연한 말인데 가장 실천하기 어렵다.

# 공부의 부작용을
# 생각하라 🖊

"어떤 경우든 약을 처방해 치료를 하면 부작용이 생깁니다. 그래서 가급적 우리 몸이 자연스럽게 회복할 수 있도록 하는 것이 좋습니다. 만약 약을 사용해 치료한다면 그에 따르는 부작용을 최소화하는 것이 좋은 치료입니다. 치료할 때는 항상 부작용을 생각해야 합니다."

대학생 때 들었던 교양 수업에서 교수님은 이렇게 말했다. 그말을 듣기 전까지 나는 아픈 곳을 치료하면 그저 건강해지기만 하는 줄 알았다. 치료에 따르는 부작용을 생각해야 한다는 것은 미처몰랐다. 공부도 마찬가지다. 공부는 얼핏 좋은 면만 생각하기 쉽지만 사실 우리가 공부하는 데 시간을 쓰는 만큼 다른 무엇인가를 포기하고 있는 것이다. 공부에 따른 부작용은 분명히 존재한다.

## 보상 심리가 의사 결정을 망친다

'내가 이걸 어떻게 한 건데⋯.'

무엇이든지 자신이 열심히 해서 이루어낸 것에 대해서는 애착이 생긴다. 공부도 그렇다. 열심히 공부했으면 보상을 기대하는 것은 당연한 심리다. 하지만 그 감정이 향후 의사 결정을 할 때 큰 걸림돌이 되는 경우가 있다.

몇 년 동안 행정고시를 준비한 대학 선배 D는 열심히 공부했지만, 매번 커트라인보다 조금 모자라는 점수로 시험에서 고배를 마셨다. 그러다 20대 후반이 되었고 더 늦어지면 취직이 어려울 것같아 6월 행정고시 2차 시험을 본 뒤 하반기 대기업 채용 시험을 준비했다. 그해 겨울 나는 선배 D에게서 전화를 받았다. 어느 기업에 최종 합격했는데 고시 공부를 그만두고 회사에 취직할지 아니면 계속 고시 공부를 할지 갈등이 된다는 것이었다. 그 당시 나는 공무원으로 일하고 있었다. 선배 D가 갈등하는 가장 큰 이유는 '지금까지 공부한 것이 아까워서'인 것으로 보였다. 그때 나는 주저없이 말했다.

"그 회사 들어가세요. 여기 와서 생활해보니 공무원이라고 해도 회사원과 크게 다를 것 없는 삶이네요. 지금까지 공부한 것이 아까운 것은 이해가 되지만 어디를 가서도 열심히 하면 인정받으실 거예요. 지금까지 공부한 것들이 이후 또 좋은 자산이 될 수도 있을 것이라 생각해요."

나의 조언을 듣고 결정한 것인지는 모르겠지만 선배 D는 그 회사에 입사했다. 이후 회사에서 아주 인정받는 사람이 되었다는 소식을 들을 수 있었다. 만약 그때 계속 고시 공부를 했다면 어떤 결과를 얻었을지 알 수 없지만, 몇 년 동안 한 고시 공부를 포기한 것은 현명한 선택이었다고 생각한다.

과거의 노력과 미래를 위한 의사 결정은 냉정하게 분리해야 한다. 공부한 것이 아깝다는 보상 심리 때문에 현명하지 못한 결정을 할 수도 있기 때문이다.

## 자만심을 경계해라

공부를 잘하는 사람이 가장 조심해야 하는 것이 자만심이다. 대학을 다닐 때 조별 과제를 하다 보면 자만심이 심한 사람을 만날 때가 있었다. 그런 사람들은 자기 의견이 무조건 옳고 내가 이만큼 공부해 봤으니 틀릴 리가 없다는 생각이 머릿속을 지배하고 있었다.

사실 나도 그런 생각을 한 적이 있다. 좋은 대학에 들어가고 어려운 시험에 몇 번 합격하면 마음속에서 자만심이 올라온다. 그런 생각을 내버려두면 어느 순간 자만심이 내 생각을 지배하게 된다. 자만심이 생각을 지배하면 그게 자만심이라는 것조차 인지하지 못한다. 내 생각이 바뀌게 된 것은 좀 더 넓게 공부하고 큰 사람들을 만나게 되면서부터다. 여러 분야를 공부하면서 나보다 훨씬 뛰어난 전문가 또는 능력자가 존재한다는 사실을 알게 되면서 자만심은 줄어들었다.

여러 사람을 만나보니 실제 내공이 강한 사람들은 내가 잘났다는 것을 언어로 표현하지 않는다는 것을 알게 되었다. 생각을 말하고 의견을 교환하는 과정에서 상대방이 자연스럽게 내공을 느끼게 된다. 나의 잘난 점은 내가 말하는 것이 아니라 다른 사람이 알아주는 것이라는 생각을 가지며 평소에 겸손하게 행동해야 더 성장할 수 있다.

### 결정적인 순간에 공부를 방해하는 것들

열심히 공부하고 성과가 지속적으로 잘 나온다고 해도 계속 그렇게 공부할 수 있는 것은 아니다. 공부는 하면 할수록 체력은 떨어지고 스트레스는 쌓인다. 나이가 어리면 바로 느끼지 못할 수도 있지만, 느끼지 못하는 것이 오히려 위험하다. 피로가 누적되어 한번에 문제가 발생할 수도 있기 때문이다.

학창 시절의 가장 큰 시험인 '수능'을 앞두고, 쌓였던 스트레스가 공부를 방해하는 경우를 종종 보았다. 의외로 고등학교 1~2학년 때 공부를 열심히 했던 학생이 고3이 되어 성적이 떨어지는 경험을 하곤 한다. 나도 그랬다.

이것은 공부를 열심히 하지 않아서 발생하는 문제가 아니다. 오히려 공부가 지겨워지고 스트레스를 제대로 해소하지 못해 생기는 문제다. 스트레스를 풀지 않으면 어떤 방법으로든 역풍을 맞게 되어 있다. 스트레스는 해소하지 않으면 계속 쌓이기만 한다.

그래서 나는 아무리 바빠도 6개월에 1~2주 정도는 공부를 하지 않는다. 그때는 아무 생각도 하지 않고 쉰다. 계속 머리를 쓰다 보면 어느 순간 작동하지 않는 순간이 올 수 있다. 아무 생각도 하지 않는 시간도 필요하다.

### 공부한 시간에 놓친 것을 생각해야 한다

하루는 24시간이고 그 시간을 공부에 투자했다면 그만큼 하지 못한 것이 생긴다. 공부를 한 시간만큼 놓친 것이 있다는 생각을 해야 한다. 그것은 또 다른 분야에서의 경험과 성장일 수도 있고, 인간관계일 수도 있으며, 일상의 행복일 수도 있다. 그래서 공부 외의 시간을 더 효율적으로 보내려고 노력해야 하다. 공부에 쏟는 시간을 제외한 시간에 공부를 통해 얻지 못한 것들을 해야 하기 때문이다. 공부를 하지 않는 시간에 부모님께 사랑한다고 더 표현해야 하고, 고마운 사람에게 더 연락해야 하며, 가능하면 더 넓은 경험을 쌓는 기회를 가지는 것도 좋다.

# 그럴싸한
# 조언의 함정 ✏️

공부를 잘하려면 주변 사람들 사이에서 나의 중심을 잘 잡아야 한
다. 그러나 애석하게도 우리 주변에는 부모님부터 직장 상사, 친구
들까지 참 오지랖 넓은 사람이 많다. 명절에는 친척들이 과분한 관
심과 격려를 보내준다. 물론 주변 사람들의 조언을 통해 나의 진로
결정에 도움을 받거나, 생각하지 못했던 좋은 방법을 알게 될 수도
있지만 쓸데없는 조언도 난무한다. 여러 조언에 너무 많이 흔들리
면 큰 해가 될 수도 있다.

## 왜 주변 사람들의 말에 흔들리는가?

내 경험상 주변 사람들의 조언은 들을 때는 그럴싸해 보이만 실제
로는 도움이 되지 않는 경우가 많았다. 들을 때는 좋은 말인데 별

로 도움이 되지 않는 이유는 많은 조언이 당연히 좋은 말이기 때문이다.

"담배 피우지 마라", "이제는 미래를 위해 공부해야지", "휴일에 늦잠을 자는 것은 좋지 않아", "운동해라" 등의 조언들은 옳은 말이니 반론을 제기하기도 어렵고 자주 들으면 잔소리로 느껴진다. 그저 옳은 말로 조언을 하는 사람들의 특징은 자신의 조언대로 하지 않으면 크게 잘못되는 것처럼 말한다는 것이다. 그러다 보니 좋은 말도 자주 들으면 기분이 나빠지고 내가 무엇인가 잘못하고 있는 것 같은 죄책감이 생긴다.

또한 그런 조언들은 구체적인 대책이 없는 경우가 많다. "대기업에 들어가야지", "요즘 ○○직업이 연봉이 높으니 그거 해봐라", "명문 대학에 가라" 등과 같이 조언을 하지만 구체적인 대책은 전혀 없다. 구체적인 방법이 없는 조언들은 대부분 '쓸데없는 조언'이라고 보면 된다. 조언을 한 사람에게 구체적인 방법을 물어보면 "그건 네가 알아서 해야지"라는 답변이 돌아오는 경우가 많다. 현실적으로 내가 달성할 수 있는 것들을 알려주어야 도움이 되지, 그렇지 않은 조언들은 오히려 나를 혼란스럽게 할 뿐이다.

그럼 좋은 조언은 어떤 것일까? 먼저 현재 나의 상황에서 내 적성을 고려했을 때 어떤 진로가 적합하고 그것을 달성하기 위해 어떤 방식으로 접근해야 하며 문제점이 있다면 어떻게 해결해야 하는지에 대한 답이 있어야 한다.

심지어 나를 위해 조언을 하는 경우가 아닌 경우도 보았다. 조언을 해주는 것 같지만 조언자들의 궁금증을 해소하기 위한 목적인 경우도 있고, 진로 상담을 해주겠다며 불러서 자신의 지식 또는 살아온 길을 자랑하는 경우도 있다. 또 마음속으로는 '재가 잘되면 안 되는데'라고 생각하며 조언을 해주는 경우도 있다. 그럴싸한 말로 포장하지만 정작 조언을 받는 사람의 입장과 생각은 전혀 고려하지 않는다면 다른 의도가 있다고 보면 된다.

이처럼 세상에는 나에게 쓸데없는 조언이 존재한다. 그런데 그런 조언들이 도움이 안 된다는 사실을 알면서도 마음이 흔들린다. 왜 그럴까?

### 스스로에 대한 확신이 없다

아직 경험이 부족하다고 느끼면 스스로가 하고 있는 일에 대해 확신을 가지기 어렵다. 특히 학창 시절 '남이 시키는 공부'를 오래 한 경우라면 '내가 앞으로 무엇을 해야 하는지', '어떤 공부를 해야 하는지', '좋아하는 것은 무엇인지'를 잘 모를 수도 있다. 스스로에 대한 확신이 없는 경우 다른 사람의 말을 통해 부족한 확신을 채우고 싶어진다. 나보다 조금 더 먼저 진로를 선택한 선배 또는 주변 어른들에게 의존하게 된다. 그러면 그 조언이 나에게 도움이 되는지 여부와 관계없이 그들의 조언에 흔들리게 된다.

공부를 하는 동안은 보통 경제적, 시간적으로 여유가 없다. 그러다 보면 그 상황을 빨리 탈피하기 위해 조바심이 난다. 좀 더 빠르고 좀 더 쉬운 방법을 찾고 싶은 욕구가 생긴다. 그러다 보면 잘못된 조언에 빠질 가능성이 크다. 주식 투자를 할 때 일확천금을 노리면 근거 없는 소문을 믿고 투자하게 되듯이 공부도 너무 빠르게 성과를 바란다면 잘못된 조언에 집착하게 될 수 있다.

시험을 준비하는 경우 실패에 대한 두려움이 커지면 '내가 모르는 무엇인가를 다른 사람들은 알고 있을까' 하는 걱정을 하게 되어 주변의 조언에 더욱 귀 기울이게 된다. 특히 혼자 공부하면 제대로 공부하고 있는지 확신이 안 가서 경험이 있는 선배나 주변 친구들에게 먼저 조언을 구하기도 한다. 더군다나 처음 준비하는 시험이라면 어느 정도 공부해야 하는지도 잘 알지 못해 공부하는 순간마다 잘하고 있는지 의문이 생긴다. 그러면 주변 사람들에게 '내 방법이 괜찮다'는 말을 갈구하게 된다. 듣기 좋은 조언만 듣고 다니다 보면 내 방법이 잘못되었어도 잘못된 줄 모르고 점점 잘못된 방향으로 가기 쉽다.

## 남의 떡이 커 보인다

다른 사람이 선택한 진로가 더 좋아 보이는 경우도 있다. 예를 들어 나는 7급 공무원 시험을 공부하겠다고 결심했는데 친한 친구는 공인회계사를 공부하겠고 한다. 그러면 '저게 더 좋은가?', '공무원 된다고 해도 박봉이라던데 앞으로 회계사가 유망한가?'와 같은 생각을 하며 자신의 선택에 의문을 품기도 한다. 그러다 학교 선배가 내가 선택한 진로에 대해 별로라고 말하기라도 하면 공부 의지가 흔들리기 시작한다. 인터넷 게시판에서 '○○시험 합격 vs ×× 시험 합격' 중 어떤 것이 더 좋은지 비교해 질문을 하는 것도 '남의 떡이 더 커 보이는 심리'가 발현된 것이다.

외견상 좋은 직업도 실제 일을 해보면 어려운 점이 많아 겉으로만 봐서는 판단하기 어려운 부분이 많다. 그래서 대부분은 내가 하고 싶은 진로를 선택하는 것이 현명하다. 다른 것과 일률적으로 비교한다고 해서, 다른 사람의 조언을 듣는다고 해서 좋은 진로를 찾게 되는 것은 아니다.

## 또 하나의 복병, 인사치레

주변 사람들의 조언뿐 아니라 인사치레도 조심해야 한다. 거래처 직원, 친하지 않은 직장 동료, 모임에서 만난 사람 등과 같이 느슨한 인간관계로 맺어진 사람들은 속 빈 후한 말을 많이 한다.

"너 정도면 정말 괜찮지."

"거기 탈락했어? 나 같으면 너를 합격시킬 텐데….'"

"○○점이라고? 와! 진짜 아깝게 떨어졌다."

이처럼 참 듣기 좋은 말을 해준다. 물론 자신감이 없을 때 격려의 말을 들으면 힘이 되겠지만, 그런 인사치레에 너무 많은 무게를 두는 것은 위험하다. 격려의 말은 좋은 뜻으로 생각하면 되고, 나의 부족한 부분은 스스로 찾아나가야 한다. 그래야 발전한다.

# 쓸데없는 조언에
# 흔들리지 않는 법

:

전장에서 살펴본 것처럼, 우리는 주변 사람들의 조언이 쓸데없고, 필요 없다는 것을 알면서도 자주 흔들린다. 불필요한 조언은 과감하게 버릴 줄 아는 능력이 필요하다. 이를 해낼 수 있는 방법을 끊임없이 되새기며 내 것으로 만들어보자.

### 남의 말은 남의 말일 뿐이다

주변 사람들의 말을 다 들을 필요는 없다. 나의 경우 주변 사람들의 조언 중에 현재 나의 상황에 적용되거나 도움이 되는 것은 별로 없었다. 조언은 내가 구체적으로 조언이 필요한 부분이 생겼을 때, 나를 잘 알고 도움을 줄 수 있는 경험과 식견을 가진 사람에게 구하는 것이 좋다.

필요한 조언은 적극적으로 받아들이고 필요 없다고 생각되면 다시는 생각하지 말자. 쓸데없는 조언에 스트레스를 받으면 정신적인 체력만 낭비할 뿐이다. 내가 필요로 하지도 않은 조언을 나의 의사와 관계없이 준다면 주저하지 말고 피해야 한다.

나는 도움이 안 되는 생각들을 떨쳐내기 위해 '나만의 의식'을 하곤 했는데 후회가 되는 기억들을 모두 거기에 둔다는 마음으로 산에 올라가서 부정적인 기억들을 버리고 내려왔다. 산과 멀어질수록 그 기억들과 분리되는 느낌이 들었다. 꼭 등산이 아니더라도 안 좋은 생각을 나에게서 떼어내는 행동을 통해 마음을 다잡는 것이 좋다.

### 수치를 근거로 판단하라

쓸데없는 조언을 가려내기 위해서는 수치를 근거로 논리적으로 생각해야 한다. 예를 들어 시험을 준비하는 경우 최근에 실력이 향상되지 않는 것 같아 고민이라면 하루에 실제 얼마나 공부하는지, 지금과 같은 속도로 공부하면 시험 직전까지 얼마나 볼 수 있는지, 현재의 공부 방법으로 점수가 오르고 있는지 등 확실히 계량할 수 있는 지표를 위주로 상황을 분석해야 한다. 실제 주변의 조언으로 현재의 문제가 개선될 수 있는지도 계량할 수 있는 지표를 기준으로 판단해야 한다.

## 하고 싶다면 망설이지 마라

"사법시험 준비하지, 돈도 안 되는 행정고시는 왜 공부했냐."

내가 행정고시를 준비했을 때, 그리고 합격했을 때 주변 사람들에게 이런 말을 종종 듣곤 했다. 무엇을 공부하느냐는 오로지 내 선택이다. 흔들려서는 안 된다. 내가 하고 싶은 것을 하며 살면 된다. 그러니 그런 말에 피로해지지 말자.

진로를 결정하거나 공부를 하는 과정에서 '내가 가는 길에 대한 확신'이 없으면 제대로 나아가기 어렵다. 내가 왜 이 진로를 선택했고, 이 진로를 위해 지금 공부하는 방법이 옳다는 확신을 스스로 찾아야 한다.

# 감정이 소모된 상황에서
# 공부에 집중하는 법

체력과 마찬가지로 우리는 감정을 소모하며 생활한다. 평소에는 감정 소모를 느끼지 못하지만 이성 친구와 이별하거나 나에 대한 험담을 우연히 듣게 되는 것과 같은 사건이 발생하면 급격한 감정 소모를 느끼게 된다. 특히 공부를 할 때는 스트레스를 많이 받아 신경이 예민해진다. 별것 아닌 말, 친구가 무심코 한 행동에도 화가 치밀어 오른다. 이런 상황을 잘 극복하는 것도 공부를 잘하는 방법 중 하나다.

## 감정의 시작점을 명확히 찾자

부정적인 생각은 하면 할수록 점점 더 커진다. 예를 들어보자. 현재 나는 공인회계사 시험을 준비하고 있다. 오랜만에 만난 친구가

"공인회계사 시험 준비해? 그 시험 진짜 어려운데…. 주변에서 그 시험에 붙은 사람 별로 없어"라고 말한다. 그런 이야기를 들으면 마음의 평정이 깨진다. '왜 나에게 그런 말을 했을까? 내가 시험에 안 될 거라고 예상하는 건가' 하는 생각이 머리를 맴돌다 결국 기분이 상하고 책은 눈에 들어오지 않는다.

부정적인 생각이 든다면 먼저 그 생각의 근원을 찾아야 한다. 대부분 그 근원은 별것 아닌 경우가 많다. 앞의 상황에서 오랜만에 만난 친구의 말은 무심코 툭 던진 것에 불과하다. 시험이 어렵고 주변에서 붙은 사람이 적다는 사실은 그 친구가 아는 좁은 지식에서 나온 생각일 뿐이다. 오랜만에 만난 친구라면 내가 얼마나 노력하고 있는지를 알 턱이 없다. 아마 별생각 없이 말했을 것이다. 그런데 내가 자신감이 부족해서 별것 아닌 말도 별것으로 생각하게 되는 것이다.

## 감정을 소모해봐야 남는 것은 없다

앞의 상황에서 친구의 말에 기분이 상해 1~2시간 동안 공부를 하지 못했다면 고스란히 나의 손해다. 그 친구에게 가서 손해를 보상해 달라고 요구할 수도 없고 친구가 보상해줄 방법도 없다. 감정을 소모한 주체는 나 자신이고 그로 인해 피해를 보는 것도 나 자신이다. 누구도 '내가 손해 본 것'을 보상해줄 수 없다. 정말 당연한 말인데 '감정 소모 상황'에서는 이렇게 생각하기가 참 힘들다.

친구가 말한 "주변에서 그 시험에 붙은 사람 별로 없어"라는 말을 내가 시험에 안 될 거라고 예상했다고 생각하기보다 '주변 사람들도 어렵다고 인정하는 시험을 준비하고 있으니 더 열심히 해야 한다'는 생각으로 바꾸어 생각하는 것이 마음이 편하다. 어차피 공부해야 한다면 마음 편하게 공부하는 것이 보다 효율적이다.

## 지금 할 수 없는 일은 버려라

감정 소모 상황에서 마음을 치유하기 위해서는 지금 할 수 없는 일과 할 수 있는 일을 구분해서 할 수 없는 일은 과감히 포기하는 것이 좋다. 예를 들어, 시험 전날 친구가 나에게 "네 여자 친구가 다른 남자를 만나는 것을 목격했다"라고 알려주었다고 해보자. 급히 여자 친구에게 전화를 해보지만 받지 않는다. 수십 통 전화를 건 끝에 여자 친구가 전화를 받았지만 돌아오는 말은 "우리 헤어지면 좋겠어"라는 말이다. 전화기를 부여잡고 2~3시간 동안 싸웠지만 결과는 바뀌지 않았다.

시험공부를 하기 위해 도서관에 가니 밤 11시이고 시험은 다음 날 오전 9시다. 이 상황에서 시험공부에 집중이 되지 않는 것은 당연하다. 하지만 공부를 하지 않는다고 해서 여자 친구가 돌아오지는 않는다. 다음 날 마음이 차분해진 뒤 다시 만나자고 이야기하는 것은 가능할지 몰라도 전화로 싸운 상황에서 만나봐야 감정만 격해질 뿐이다.

여자 친구와의 관계 회복은 '지금 할 수 없는 일'이다. 하지만 다음 날 9시에 있을 시험은 지금 어떻게 공부하느냐에 따라 결과가 달라진다. 시험공부는 '지금 할 수 있는 일'이다. 밤을 새워서라도 일단은 시험공부에 매진해야 한다. '지금 할 수 없는 일'에 대한 생각은 미뤄두자.

## 부정적 감정에 무심해져라

감정 소모 상황에서 부정적인 마음을 의지로 억누르려고만 하면 역효과가 날 수 있다. 억누를수록 더욱 생각나기 때문이다. 시험을 잘보고 싶은 마음에서 시작된 불안감이 너무 커지면 시험을 망치게 되듯이 감정이 조절되지 않는 상황에서 '감정을 없애야 해'라고 되뇌면 그 감정이 오히려 커질 수도 있다. 억누른다는 것은 그 감정이 그만큼 나한테 중요하다는 것을 반증하기 때문이다.

차라리 분노, 좌절감과 같은 부정적인 감정에 무심해지는 게 낫다. 그리고 해야 할 일에만 집중하려는 노력을 해야 한다. 감정에 어떻게 무심해질 수 있을까? 무심이란 '생각하는 마음이 없다'는 의미다. 내 마음속에 떠다니는 감정에 관심을 보이지 않으면 무심해질 수 있다. 감정을 있는 그대로 두자. 그 감정을 억누르려고도 하지 말고 더 탐구하려고도 하지 말자. 감정이 있는 상태에서 내가 지금 해야 할 일을 찾아보자.

나는 안 좋은 감정이 있을 때 소리 내서 무엇인가를 하는 버릇이

**마음 나누기 연습**

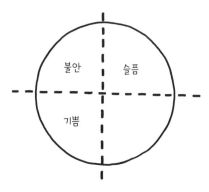

있다. "아 설거지 해야지", "아 맞다! 오늘 영어단어 암기하는 것을 까먹었네. 그것부터 해야겠다"라고 말하며 행동을 했다. 그렇게 행동하면 안 좋은 감정과 멀어질 수 있었다.

'마음이 방으로 나누어져 있어 그 방의 문을 닫을 경우 방 안에 있던 여러 생각과 감정이 머릿속에서 사라진다면 얼마나 좋을까' 하고 생각한 적이 있다. 감정 소모 상황을 극복하려면 마음 나누기 연습이 필요하다. 마음 나누기 연습이란 여러 감정을 하나씩 방에 넣고 어떤 감정이 너무 커졌을 때 그 방의 문을 닫아버리려고 노력하는 것이다. 나 역시 처음에는 힘들지만 마음 나누기 연습을 하면 할수록 점점 감정이 분리되는 걸 느낄 수 있었다. 〈죽은 시인의 사회〉라는 영화에 '카르페 디엠(carpe diem)'이라는 말이 나온다. 이 말은 '현재에 충실하라'는 뜻의 라틴어로, 집착이나 미래의 불안 등의 감정에 갇히지 말고 지금 해야 할 일을 하는 것을 의미한다. 이것이 '마음 나누기' 연습의 출발점이라고 생각한다.

## 지나고 나면 추억이다

사실 우리가 감정을 소모하는 웬만한 일들은 시간이 지난 뒤 돌이켜보면 '추억'이 되는 경우가 많다. 회사에서 상관에게 엄청나게 혼났던 일, 이성 친구와의 이별 등을 겪은 당시에는 감정의 기복이 크지만 몇 년이 지난 뒤 떠올려보면 '그땐 그랬지' 하며 웃어 넘길 수 있다. 감정 소모가 심한 상황을 겪고 있다면 지금의 감정이 시간이 지나면 별일 아닐 것이라는 생각을 해보자. 지금 감정 소모가 심한 일을 겪고 있는가? 지나고 나면 별것 아닌 일이 될 것이다. 그렇게 믿으면 조금이나마 감정 소모를 줄일 수 있다.

# 공부하기에
# 좋은 나이네요 ✏

과연 공부에는 시기가 중요할까? 결론부터 말하면 나는 공부에는 늦음도 빠름도 없다고 생각한다. 하지만 세상은 나이에 따라 해야 할 일을 규정해 우리를 평가하기 때문에 그렇게 생각하기가 정말 어렵다.

'지금 시작하기에 너무 늦지는 않았는지'를 걱정하는 직장인들이 많다. 공무원 시험의 경우 어린 나이에 시험에 합격한다고 해서 손해 볼 것은 없지만 늦은 나이에 합격했다고 반드시 불리한 것은 아니다. 나와 함께 연수원에서 교육을 받은 동기 중에는 열두 살 많은 형도 있었다. 그 형은 다른 일을 하다 뒤늦게 공부를 시작했다. 그런데 다른 일을 하면서 경험한 것이 조직생활을 잘하는 데 큰 도움이 되는 것 같았다. 몇 달 정도 함께 일할 기회가 있었는데 그 형은 상급자들과 과원들에게 인기가 있었고 어려운 일도 상당히 쉽게 방향을 제시했다. 그런 모습을 보며 '경험을 무시할 수 없구나' 하는 생각이 들었다.

외국계 보험회사에서 25년간 근무하다 60세를 앞둔 나이에 서울시 9급 행정직 시험에 합격하고 책을 낸 사람도 있다. 『공무원 합격 자신만만 공부법』이라는 책을 쓴 권호진 씨는 시험에 합격해서 서울시 서초구청에서 막내로 일하고 있다고 한다. 책의 서문을 보면 주변 사람들이 2년 있으면 퇴직할 것을 뭐 하러 힘들게 공부해 공무원이 되었냐고 말하지만 '내가 2년 남짓한 공직생활에 도전한 것은 내 능력을 공익을 위해 쓰고 싶어서'였다고 적혀 있다.

결국 시기보다 중요한 것은 인생 단계다. 우리는 그 나이라면 보통 가지고 있어야 한다고 생각하는 것들과 나를 비교해 현재의 모습을 평가한다. '요즘 대치동 고등학생들은 이 정도 영어는 한다', '대학생이 취직하려면 토익점수는 몇 점 받아야지', '의대 가기에는 나이가 너무 많은 것 같은데', '지금 다시 시험 봐서 뭐하게?'와 같은 말에 자신의 인생을 묶을 필요가 없다. 중요한 것은 '내 인생 단계에서 어떤 공부를 할 것인가'다. 그 리듬에 맞추어 공부하는 것이 중요하다.

인생 계획에 맞추어 차근차근 단계를 밟아나가는 공부를 해야 내 인생에 도움이 된다. 초등학교 때부터 대학교를 졸업할 때까지 약 20년간 공부를 했지만, 별로 남는 것이 없다는 생각이 든다면 인생 계획에 맞지 않는 공부를 해서 그런 것이다. 나의 현재 상황을 알고 필요한 공부가 무엇인지 파악한 뒤 어떤 공부를 할지 고민해야 한다.

내가 조세심판원에서 근무하며 공인중개사를 공부했던 것도 같은 이유에서다. '행정고시를 합격한 사람이 왜 공인중개사 시험을 볼까?'라고 생각할 수 있다. 하지만 내 인생 계획과 소신에 따라 공부한 자격증이다. 조세심판원에서 세금 관련 분쟁 업무를 다루다 보면 부동산과 관련한 용어들을 자주 접하게 되고, 배경 지식을 잘 알아야 사건을 조사하고 합리적으로 검토할 수 있다. 공인중개사 자격증을 따고 나니 그 사실만으로 부동산과 관련된 검토 내용에 신뢰를 줄 수 있었다. 또 퇴직을 한 뒤 공인중개사 사무소를 개업해볼까 하는 생각도 있다. 퇴직한 후 전관예우를 받지 않고 스스로 일어나려면 무엇이든지 전문적으로 할 수 있는 것이 있어야 한다는 마음으로 공부한 것이 공인중개사였다.

내가 공인중개사 자격증을 따서 그런지는 모르겠지만, 집을 알아보러 다니면서 만난 공인중개사들에게 실제 일을 해보면 어떤지 물어보기도 한다. 한 중개사는 "집에서 애들만 키우고 살다 늦은 나이에 공부를 시작했어요. 힘들게 따서 그런지 계약이 성사될 때마다 돈도 벌고 재밌네요"라고 답했다.

필요할 때 공부할 줄 아는 것이 '공부에 필요한 진짜 능력'이다. 냉정하게 자신을 평가할 수 있는 마음, 활기차게 공부할 수 있는 건강함, 생활을 관리할 줄 아는 자세를 갖추어야 진짜 필요할 때 공부를 잘할 수 있다. 요즘은 트렌드가 빨리 변하고 이에 따라 요구하는 지식도 계속해서 변한다. 조금 더 먼저 지식을 쌓는 것보다 필요할 때 빨리 습득할 수 있는 능력을 기르는 것이 더 중요하다.

세상이 정해준 적당한 시기라는 것이 내 인생에는 별로 중요하지 않다. 이미 늦었다는 생각이 들면 더 늦지 않아야 하고, 빠르다고 느끼면 빨리 끝내고 쉬면 될 일이다. 결국 모든 순간이 '하고 싶은 공부를 하기 좋은 나이'가 된다.

# 올라갔으면
# 내려갈 방법쯤은 알아야 한다 🖊

내가 수행비서를 할 때 가장 많이 다녔던 곳 중 하나가 '상갓집'이다. 우리나라에서 인맥 관리를 하려면 경조사를 잘 챙기는 것은 기본이다. 높은 자리에 있을수록 인맥이 넓어지고 챙겨야 할 사람도 많다. 나는 수행비서로서 여러 상갓집을 따라다니며 이런저런 모습을 볼 수 있었다.

사람들은 죽은 사람을 애도하기 위해 상갓집에 간다. 그런데 사실 그 이유만으로 상갓집에 가지는 않는다. '정승집 개가 죽으면 문상객이 인산인해를 이루고 정승이 죽으면 문상객이 없다'는 속담처럼 우리는 높은 사람에게 잘 보이기 위해, 필요한 사람들을 만나기 위해 상갓집에 가기도 한다. 그런 의미에서 상갓집은 상당히 정치적인 공간이다. 누군가는 죽음이라는 형태로 모든 것을 내려

놓았으나 또 누군가는 무엇인가를 얻기 위해 상갓집에 간다.

모든 사람에게는 상승 욕구가 있다. 반에서 1등, 전교 1등, 경시 대회 수상, 명문 대학, 좋은 직장…. 이런 것들을 원하지 않는 사람은 거의 없을 것이다. 나는 공부에서만큼은 사람들이 원하는 것들을 대부분 이뤄보았다. 고등학교 때 반에서 1등은 기본이었고, 3년 연속 내신 전교 1등이었으며, 서울대학교 경제학부를 한 번에 붙었다. 대학교를 다니면서 진로를 제대로 잡지 못해 방황하며 시간을 보낸 적은 있었지만 행정고시에 합격하며 결국 만회했다. 결론적으로 보면 상당히 많은 성과가 있었다. 그러고 보면 나도 사회적으로 올라가기 위해 부단히 애썼던 것 같다.

그런데 올라간다고 모든 일이 해결되는 것은 아니었다. 올라갔으면 언젠가는 내려와야 한다. 조직에서 높은 자리에 있더라도 언젠가는 자리에서 내려와야 한다. 예전에는 은퇴 시점과 세상을 떠나는 시점 간의 차이가 크지 않았다. 65세에 은퇴해서 70세 전후로 세상을 떠났다. 전관예우 문화도 상당히 잘 갖추어져 있었다. 조직에서 높은 자리를 하고 은퇴하면 몇 년간 후배들이 챙겨 줬다. 은퇴하면 전직 사장, 전직 장관, 전직 이사장이지만 후배들은 사장님, 장관님, 이사장님이라고 불러줬다. 은퇴 이후 여생을 사장, 장관, 이사장으로 계속 살면 됐다. 무조건 올라가기만 하면 모든 일이 해결될 수 있는 구조였다.

하지만 이제는 다르다. 공무원 사회의 경우 어떤 직급에서 퇴직을 하는지 무관하게 현직에서 퇴직하면 퇴직자일 뿐이다. '부정청탁 및 금품 등 수수의 금지에 관한 법률(일명 김영란법)'이 시행된 이후부터는 퇴직 이후 업무적인 부탁을 하는 일도 쉽지 않다. 아직 전관예우 문화가 완전히 없어졌다고 볼 수는 없지만, 젊은 세대 사이에서는 전관예우를 인정하지 않는 분위기고, 앞으로 점점 그렇게 될 것이다. 기대 수명은 높아졌지만 그만큼 은퇴 시점은 그대로다. 세상을 떠나는 시점과 은퇴 시점 간의 갭은 커지고 있다. 조직 생활을 했던 방식과는 전혀 다른 은퇴 후 삶의 방식에 대해 고민해봐야 한다.

올라갔으면 내려오는 방법을 알아야 한다. 무조건 앞만 보며 올라가는 시대는 끝났다. 한번 올라갈 때마다 '내려오는 방법'을 신

**어떻게 내려올 것인가?**

중히 고민해봐야 한다.

내가 약 12년간의 공직생활 동안 승진을 단 한 번도 하지 '않았다' 혹은 '못했다'고 표현하지 않은 이유는 승진할 기회가 한 번 있었기 때문이다. 장관 수행비서로 1년 반 정도를 근무한 뒤 수행비서 업무를 끝내고 인수인계를 하던 때였다. 인사 과장은 내가 승진 심사 대상자이고 근무성적 평정 순위가 높아 좋은 결과가 있을 것 같다고 말했다. 게다가 미국으로 가는 유학 자리가 하나 남아있는데 지원해보면 어떻겠냐는 제안도 잊지 않았다.

이러한 혜택은 힘든 자리에서 일한 것에 대한 대가였다. 공무원 사회에서 장관 수행비서 자리는 아침부터 늦은 밤까지 일하고 주말도 없는 자리라 임무를 마치고 나면 승진, 유학 등에 많은 혜택을 주는 편이다. 공무원 사회의 일반적인 기준으로 보았을 때 나에게 올 승진과 유학의 기회는 자연스러운 혜택이었다. 하지만 나는 그 혜택 앞에서 망설이게 되었다.

'내가 정말 이런 혜택을 받을 자격이 능력이 되는 걸까?'

명문대, 대기업 취직, 승진과 같이 상승하는 기회가 내 앞에 주어졌을 때 그것을 꽉 잡으려고만 하지 그것을 잡은 이후 벌어질 상황에 대해 고민하는 사람은 거의 없다. 일단 잡고 보자는 식이다. 지금까지는 그런 방식이 잘 통했다. 어떤 방식으로든 좋은 대학에 들어가고, 대기업에 취직하고, 높은 자리에 가기만 하면 어떻게든 잘 해결되는 구조였다.

하지만 이제는 그런 '상승 위주의 방식'으로는 성장하기 어렵다. 스스로 판단했을 때 올라간 만큼 내려올 수 있는 방법을 알고 난 뒤에 올라가는 것이 바람직하다고 생각한다. 나는 결국 승진과 유학 모두 얻지 않았다. 사무관이라는 직급으로 더 하고 싶은 일이 있었고 준비되지 않은 유학을 가서 어영부영 시간을 보내다 오고 싶지도 않았다.

대신 나는 인사 과장에게 승진과 유학 대신 조세심판원에 갈 수 있는 방법을 알아봐달라고 부탁했다. 그 당시 나는 세금에 관심이 많았다. 대학에서 경제학을 전공했고 직장을 다니면서 회계와 재무를 공부했다. 여러 학문을 공부하면서 항상 부족했던 부분이 세금과 관련된 지식이었다. 조세 관련 업무를 하면서 그동안 소홀했던 법학도 공부하고 싶었다. 나의 부족한 지식을 채워줄 수 있는 곳이 조세심판원이었다. 그래서 조세심판원에 교류할 기회가 있으면 가고 싶다고 손을 들었고 때마침 교류하고 싶다는 분이 있어서 조세심판원으로 갈 수 있었다.

더 높은 곳으로 올라가고자 한다면 그 전에 스스로에게 질문해봐야 한다고 생각한다. 왜 올라가고 싶은지, 올라가서 어떤 일들을 해보고 싶고 그것이 나에게 어떤 가치가 있는지, 현재 그런 일을 할 능력이 되는지, 없다면 어떻게 능력을 키울 수 있을지. 올라간 뒤 어느 시점에 어떤 방식으로 내려올 것인지에 대한 답을 먼저 찾아보자.

높은 곳에 올라갔다가 갑자기 추락하지 않으려면 내려오는 방법을 알아야 한다. 성공한 사람일수록 내려가는 방법을 몰라 결국 마지막에 실패하기도 한다. 이렇게 세상은 다시 공평해지나 보다.

# 노력할 수 있는
# 기회가 있어 감사하다 ✎

얼마 전에 나는 종합 건강검진을 받았다. 검진 결과를 보니 신체의 여러 부분이 경고 신호를 보내고 있었다. 콜레스테롤 수치가 매우 높게 나왔고 당뇨 수치도 높은 편이었다. 의사는 맵고 짠 음식을 좋아하는 식성을 반드시 고쳐야 하고 운동 시간도 더 늘리라고 말했다.

20대 때만 해도 밤새 놀고 싶으면 놀고, 먹고 싶은 것을 먹어도 건강에 문제가 안 생겼는데 이제는 큰 병을 피하기 위해 먹는 것, 자는 것, 평소 생활 등을 잘 관리해야 하는 나이가 되었다. 규칙적으로 운동을 해야 하고 정기적으로 건강검진도 받아야 하며, 내가 좋아하는 떡볶이, 소시지, 탄산음료 등을 먹는 것도 주의해야 한다. '건강을 관리해야 되는 나이'가 되었다고 생각하니 조금 슬퍼

지기도 했다. 그런데 반대로 생각해보면 아직 큰 병은 걸리지 않았다는 뜻이기도 하다. 주의를 기울이면 계속 건강할 수 있는 현재 상태가 그리 나쁜 상황은 아니다. 아직 나는 건강할 수 있는 기회를 가지고 있다.

그렇다. 우리에게는 아직 기회가 있다. 내가 직장인이 되어 공부를 시작한 것도 아직 변화할 기회가 있다고 직감적으로 느껴서일 것이다. 나는 시간이 날 때마다 책을 보았다. 그렇게 조금씩 내 삶의 밀도를 높여보고자 노력했다. 덕분에 오랜만에 친구를 만날 때마다 항상 새로운 나의 안부를 전할 수 있었다. 앞으로도 새롭고 즐거운 소식을 전하는 삶을 살고 싶다. 이 책이 나오게 된 것도 나에게는 또 하나의 즐거운 소식이다.

이 책을 통해 독자들이 변화의 기회를 느꼈으면 좋겠다. 변화의 기회를 살려 즐거운 소식을 만들어갈 수 있는 자신만의 방법을 찾길 바란다. 물론 한 번에 쉽게 되는 것은 없을 것이다. 작은 즐거운 소식을 전하기 위해서는 많은 고민과 노력이 필요하다.

나 또한 이 책을 만들기 위해 수백 권의 책을 보며 공부했고 머리를 쥐어뜯으며 참 많은 고민을 했다. 이 책의 내용이 방향을 잃지 않고 좀 더 명료하게 정리가 되는 데까지는 많은 사람의 도움이 있었다.

먼저 잘못된 방향으로 갈 때마다 직언으로 나를 정신 차리게 해준 아내 최연정에게 감사한다. 아닌 것은 아니라고 말하면서도 더 좋은 방향으로의 조언을 잊지 않았다. 덕분에 여기까지 올 수 있었다. 항상 웃으며 나를 보는 딸 소혜도 고맙다.

언제나 조용히 나를 지지해주는 부모님께 감사드린다. 앞으로도 건강하시기를 바란다. 내 글의 소재가 되어준 형에게도 감사를 전한다. 병원에서 밤낮없이 열심히 일하는 형을 보면 언제나 자극이 된다.

우연한 인연으로 함께 작업하게 된 출판사 21세기북스, 그리고 이 책이 나오기까지 밤새 고민과 조언을 아끼지 않았던 윤지윤 편집자를 포함한 모든 분들께 감사드린다. 수개월간 책에 들어갈 내용을 협의해가며 다듬었다. 덕분에 좀 더 좋은 내용으로 탈바꿈할 수 있었다.

책을 집필하는 과정에서 많은 도움을 주신 국무조정실 민성호 과장님·이창현 사무관님, 최승환 검사님, 조세심판원 곽상민 과장님·유진재 과장님·조용민 과장님·남연화 사무관님·주강석 사무관님·윤석환 사무관님, KAIST 경영대학 윤참나 교수님, 연세대학교 서승범 교수님, 삼성전자 유훈동 프로님, 조선일보 김지섭 기자님, 법무법인(유) 광장 강지현 변호사님, 법무법인(유) 바른 김도형 변호사님, 법무법인 율촌(유) 성수현 변호사님, 법무법인 삼율 장호준 변호사님, 법무법인(유) 세한 오형철 변호사님, 파리정치대학원생 최유정님께도 이 자리를 빌려 감사의 인사를 드린다.

마지막으로, 부족한 이 책을 선택해주신 분들과 내가 '브런치'에 올린 글을 응원해주신 분들께 감사드린다. 브런치에 올린 글을 다시 보면 참 많이 부족했다는 생각이 든다. 그럼에도 많은 분이 구독 버튼을 눌러주셨다. 덕분에 큰 힘을 얻을 수 있었다. 다시 한 번 감사드린다.

2019년 3월

이형재

## 참고 도서

고다마 미츠오(2018)『한 가지만 바꿔도 결과가 확 달라지는 공부법』동아엠엔비

권호진(2016)『공무원 합격 자신만만 공부법』길위의책

김미현(2017)『14세까지 공부하는 뇌를 만들어라』메디치미디어

니시노 세이지(2017)『스탠퍼드식 최고의 수면법』북라이프

닐 로즈(2008)『If의 심리학』21세기북스

마크 티글러(2016)『기적의 뇌 사용법』김영사

말콤 글래드웰(2009)『아웃라이어』김영사

모기 겐이치로(2009)『뇌가 기뻐하는 공부법』이아소

모티머 J. 애들러(1993)『독서의 기술』범우사

쉬셴장(2018)『하버드 첫 강의 시간관리 수업』리드리드출판

스티븐 기즈(2014)『습관의 재발견』비즈니스북스

알렉스 수정 김 방 (2018)『일만 하지 않습니다』한국경제신문

야마구치 사키코(2017)『1등의 기억법』좋은날들

와다 히데키(2017)『남은 50을 위한 50세 공부법』예문아카이브

요시다 다카요시(2009)『누구나 천재가 될 수 있다 뇌 자극 공부법』지상사

우쓰데 마사미(2017)『0초 공부법』매일경제신문사

윤은영(2016)『뇌를 변화시키는 학습법』한국뇌기능개발센터

이준구(2014)『미시경제학』법문사

이케다 요시히로(2018)『뇌에 맡기는 공부법』쌤앤파커스

이형재(2017)『이형재 시험의 기술』위메스

존 C. 맥스웰(2017)『다시 일어서는 힘』비즈니스북스

존 에이커프(2017)『피니시』다산북스

한진규(2016)『수면 밸런스』다산라이프

KI신서 9843

퇴근 후 1시간, 내일을 바꾸는 일상 공부 습관

# 직장인 공부법

1판 1쇄 발행 2019년 4월 10일
개정 1판 4쇄 발행 2024년 4월 12일

지은이 이형재
펴낸이 김영곤  펴낸곳 ㈜북이십일 21세기북스
출판마케팅영업본부 본부장 한충희
출판영업팀 최명열 김다운 권채영 김도연
제작팀 이영민 권경민
교정교열 조창원  디자인 this-cover.com

출판등록 2000년 5월 6일 제406-2003-061호
주소 (10881)경기도 파주시 회동길 201(문발동)
대표전화 031-955-2100 팩스 031-955-2151 이메일 book21@book21.co.kr

㈜북이십일 경계를 허무는 콘텐츠 리더

21세기북스 채널에서 도서 정보와 다양한 영상자료, 이벤트를 만나세요!
페이스북 facebook.com/jiinpill21      포스트 post.naver.com/21c_editors
인스타그램 instagram.com/jiinpill21   홈페이지 www.book21.com
유튜브 www.youtube.com/book21pub

서울대 가지 않아도 들을 수 있는 명강의! 〈서가명강〉
유튜브, 네이버, 팟캐스트에서 '서가명강'을 검색해보세요!

ⓒ 이형재, 2019
ISBN 978-89-509-9686-4 03190